移動困窮社会にならないために

新しいモビリティサービスへの
大転換による
マイカーへの過度の
依存からの脱却

編著／東京大学 名誉教授・
一般財団法人日本自動車研究所 所長
鎌田 実
一般財団法人運輸総合研究所 会長
宿利正史

時事通信社

まえがき

皆さんは、日常生活の中で移動できること、モビリティが重要であることを認識されているでしょうか。数百mであれば徒歩で、1㎞程度であれば自転車などで、もう少し長い距離であればマイカーや公共交通機関を使って移動していると思います。しかし、これが、加齢により長く歩くのが困難になったり、マイカーの運転や維持することが困難になったり、あるいは使える公共交通機関が貧弱だったりすると、どうなるでしょうか。

モビリティジャーナリストの楠田悦子氏らは、高齢者の方々が免許を返納しても移動の代替手段がない社会を「移動貧困社会」と命名し、そういう状態から脱却するように、パーソナルモビリティなどの活用を促進すべきと主張されています。

マイカー運転が困難、マイカー維持が困難になっていくと、自由な移動ができなくなることが想定されます。本書ではそれを「移動困窮社会」ととらえ、そうならないようなモビリティサービスの充実を考察していきます。最近は、AIオンデマンドバスといったデマンド交通が普及し始めていますが、こういったモビリティサービスが、現在のものと比べ10倍の台数で走り、20～30倍の乗客を運ぶようになると、景色が違ってくるのでは、と考えています。

高齢ドライバーの事故が多発し、国土交通省では2017年に、「高齢者の移動手段の確保に関する検討会」を開催しました。そのフォローアップの位置付けで、運輸総合研究所では、2021年11月から、「高齢者等の移動手段確保方策検討委員会」を設け、1年半ほど議論を重ねました。そして、2023年6月にはシンポジウムを開催し、また、提言を発表しました。議論では、誰もが自由に移動できるような社会を目指すためには、定額制のデマンド交通による新しいモビリティサービスの実現が有効であるとして、デマンド交通の優良事例をベースに簡易シミュレーションを実施、地域の特性に応じたモビリティサービスの姿を提示しました。提示されたモビリティサービスの姿の実現に向けては、単に交通事業者や自治体が頑張ればよいのではなく、マイカーへの過度の依存の状態からの脱却、交通事業そのものの改革などが必要です。それらを推進していくためには、国民一人一人の生活に関わるため、意識を変えていくことも必要です。その一助になればと本書が生まれました。

本書は第1部から第3部で構成され、第1部では、社会課題をどのようにとらえるべきか、また、今後の世の中の動きも視野に入れつつ、モビリティを取り巻く環境の変化、その中での新しいモビリティサービスの必要性やその効果などについて、私がわかりやすく解説します。第2部では、運輸総合研究所の検討委員会における議論を踏まえた提言やその提言を受けて実施されたシンポジウムの結果をまとめています。検討委員会の議論の中で行った簡易シミュレーションによるモビリティサービスの事業性検討などについても概説しています。また、シンポジウムでは3つのデマンド交通の優良事例について、直接関わった方からの講演があり、さらに、デマンド交通に関する様々な話題で議論を交わしましたが、そうした記録も掲載しています。第3部は、運輸総合研究所会長 宿利正史氏と楠田悦子氏に、移動貧困・移動困窮について、これまでの経験や知見などを踏まえて語っていただいた対談の記録です。今後に向けて参考になる意見が示されています。

モビリティに関しては、世界的にCASEと呼ばれる流れがあり、100年に一度のモビリティ革命時期にあるとも言われています。日本ではどのような変革が起こるでしょうか。そのヒントを本書に示したつもりです。移動困窮社会にならないためには、個々の人の意識変容と行動が必要になりますので、ぜひ、一緒に将来を考えていきましょう。

鎌田　実

目　次

第1部

移動困窮社会の回避に向けて

各地で実証が進むオンデマンド交通（のるーとKAWASAKI）

序　はじめに

マイカーは便利です。運転免許があり、車を所有していれば、好きな時間に好きな所へ行けて、自分の思いどおりに生活できて極めて快適です。しかし、それが今後あと何年続けられるでしょうか。高齢者になると加齢の影響で運転がしづらくなります。事故を起こしてしまう心配もあります。本人は大丈夫だと思っていても、家族が運転に不安を感じることも多いと言われています。今の状態が長く続けられると思っている高齢者は多く、移動に関するアンケート調査を行ったら、死ぬ直前まで運転を続けたいと回答される方が少なくないです。でも、世の中は変わっていきます。カーボンニュートラルが求められるようになると、車の維持費が今の水準のままであるとは限りません。電気自動車は高価ですし、エンジン車がそのまま使えるeフューエルと呼ばれる合成燃料も確実に高い値となりそうです。昨今、ガソリンが200円/Lに近づいたことが大きなニュースとなり、国が大金を投じて175円/L程度になるようにしていますが、今後、さらに車の価格や維持費が上がっていくことが想定されます。一方で、日本人の給与は平成の30年間あまり変化してこなかったというデータもあります。収入が増えずに、車への支出が2倍になったら、皆さんどうされますか。

自動車業界は、世界中でCASE対応の大きな動きがあり、100年に1度のモビリティ革命の時期と言われています。CASEとは、Connected（つながる車）、Autonomous（自動運転）、Shared and Service（シェア・サービス）、Electric（電動化）です。将来的には、車は自動運転の電気自動車となり、所有するのではなくモビリティサービスとして使うものになる、というのが究極のゴールであり、そこに向けて、自動車メーカーだけではなく新規参入組も含めて、熾烈な開発競争が進んでいます。自動運転については、どこでも走れるようになるには相当の時間がかかり、またコストも膨大となるので、マイカーが自動で走る時代はすぐには来そうになく、ロボットタクシーのようなサービスが近い将来に少しずつ使えるようになるものと考えるのがよさそうです。

本書は、ロボットタクシーが本格普及する時代の前に、運転手付きのモビリティサービスがマイカーからの転換先としての役割を果たせないか、と世に問うものです。今の公共交通は、特に地方で貧弱であり、人口減少で利用者が減り、また、ドライバー不足に喘いでいます。コロナの影響で、少し先に起こり得ることが一気に押し寄せてきた、とも言えます。一方で、人々がマイカーに投じているお金は膨大であり、それのほんの一部でもモビリティサービス側へ振り向けることができると、公共交通を元気にできるかもしれません。もちろん今の公共交通の姿ではダメで、一部地域で始まっている全域フルデマンドで呼べば来るようなものと同じくらいの利便性を有していないといけないので、そう簡単ではありません。利用者側の意識の変容も必要となるでしょう。しかしながら、マイカーの維持費が高騰していき、マイカーを手離す人が増えた時に、モビリティサービスが充実していないと、移動に困る人が続出してしまいそうです。これを本書では「移動困窮社会」という言葉で表現し、そのような事態になってしまわないように警鐘を鳴らしています。モビリティサービスが維持・発展していき、自由な移動ができるような時代を、どのように皆でつくっていけばよいのか、考えていきたいと思います。

01 高齢ドライバー事故の衝撃

池袋の事故

高齢者になっても、移動の足の確保のために、マイカー運転を続けている人は多いです。少子高齢化の進む日本では、高齢者数が増え、高齢ドライバーの数も増えるので、結果的に高齢ドライバーの起こす交通事故の数も増えていくのはやむを得ない面があるかもしれません。しかしながら、悲惨な事故はなくしたいです。どう考えていったらよいでしょうか。

実際に、2019年4月には池袋で高齢ドライバーによる悲惨な交通死亡事故が起きてしまいました（**資料1**）。公共交通が充実した東京においても、高齢者は無理してマイカー運転を続け、事故を起こしてしまうのです。高齢者のペダル踏み間違い事故は、パニックになり、踏み間違えたまま暴走を続けることで、被害を大きくしてしまうことが多いと言われています。

資料1　池袋での事故　（出典：時事通信社）

高齢ドライバーによる事故が多発していることを国では社会問題ととらえ、関係閣僚会議を開き、関係省庁に対策を指示し、対応が取られました。しかしながら、最近でも高齢ドライバーによる事故の発生

Column

高齢ドライバーの事故の特徴

警察庁がまとめた高齢ドライバーの事故の類型と要因を図に示します（一般には高齢者の定義は65歳以上ですが、警察庁では75歳を境目にして高齢ドライバーと非高齢ドライバーを分けていて、この分け方によると大きな特性の違いが見えるとしています）。これを見ると、操作不適による事故が多いことがわかります。また、ペダル踏み間違いの事故の報道が顕著に多いですが、件数としては、ハンドル操作不適による正面衝突や工作物衝突、路外逸脱の方が多くなっています。

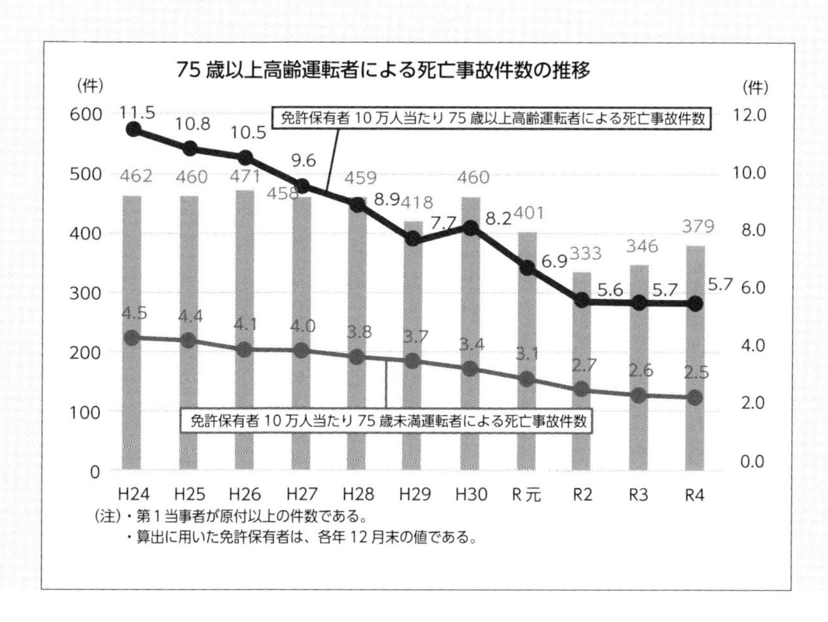

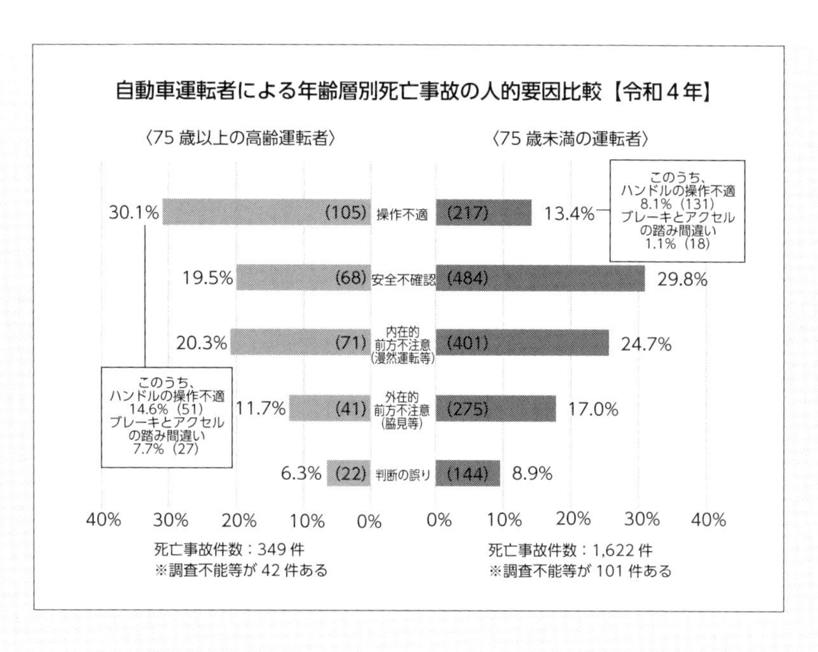

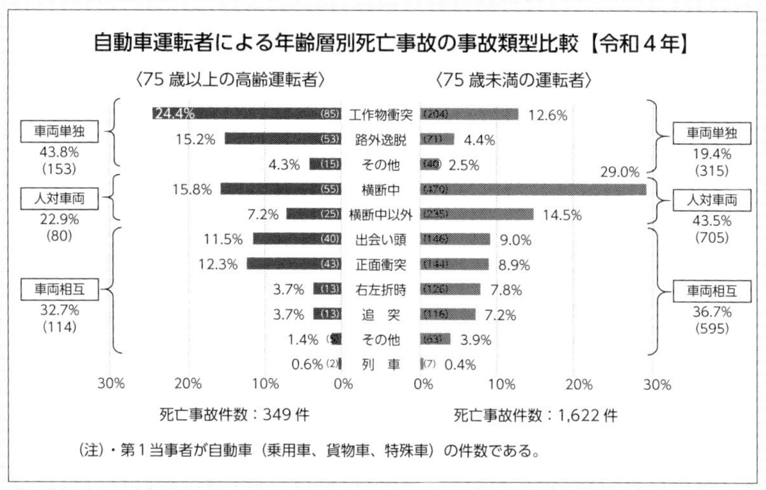

高齢運転者による交通死亡事故（出典：警察庁資料・2023年３月）

件数は多く、2022年には97歳のドライバーによる交通死亡事故がありましたが、70歳代前半のドライバーによる事故も増えてきており、再度大きな対策が取られないといけないように感じられます。

地方のモビリティの実態

交通事故を起こさないようにするには、運転をしなければよいということは誰でもわかりますが、公共交通網が充実している大都会でなければ、移動手段がマイカーしかないケースも多く、運転を止めると生活ができないという声も多く聞かれます。

日本の高度成長期に、経済が発展し、人口も増えて、都市周辺の宅地化も進み、人の住むエリアが広がりました。大きな団地等では公共交通が整備されていましたが、そうではない所を隅々までバス等のサービスを届けることは困難で、人々は移動の足としてマイカーを持つことになりました。所得が増え、マイカーの値段が下がり、マイカーを所有することがステータスだった時代から、一家に1台、そしてその後、特に地方では1人1台の時代になりました。その結果、路線バスやタクシーの利用者数は1970年をピークに減り続け、減便・廃止が相次ぎ、マイカーがないと生活できず、マイカーへの過度の依存状態になっている地域が多くなっています。マイカーの利便性は素晴らしく、それを使った生活はよいものですが、果たしてそれがいつまで続けられるのか、そういったことへの関心が薄いのが、今後を考えると懸念点です。

地方では、乗客減により、バスが運賃収入だけで採算を取れるはずがなく、国や自治体からの赤字補助で何とか運行しているものが多く、それも困難になると廃止になり、その代替として自治体主導の自家用有償による運行や、コミュニティバスやデマンドバスなどの運行を細々とする形のものが多くなっています。車両のダウンサイジングも進み、定員80人程度の大型バスから、50人程度の中型バス、30人程度の小型バスへ転換するケースも多いです。さらにはジャンボタクシーやセダンタクシーによる乗合運行も増えてきました。そのような中でも、色々な工夫はなされてきており、大きな潮流としてはオンデマンド交通の採用が増えてきました。それについては後で詳述します。

Column

デマンドバス

需要に応じて運行するタイプのバスをデマンドバスと言います。普通の路線バスは定時定路線ですが、需要がなければ運行しないという形や、需要（予約）があれば一部ルートを迂回して乗降するという形が昔から存在しました。近年は、停留所（ミーティングポイントとも呼ばれる）を増やして、需要があればきめ細かく乗降を行うものが増えてきており、大まかな時刻と方向が定まっているものをセミデマンド、ダイヤ・ルートを完全に需要に対応させて運行を行うものをフルデマンドと呼ぶことが多いです。また以前は前日までの予約が必要なものが多かったのですが、最近では、オンデマンド性が高まり、予約すればすぐに配車するようなものも出てきています。

オンデマンドバスの事例（東急バスの宇奈根・喜多見地区）
※特記以外、写真は筆者撮影

Column

車両のダウンサイジング

昔は路線バスの標準は大型バスで幅2.5m、全長10〜11m、定員70〜90人の車両が多かったですが、1970年代終わりから幅2.3m、全長８〜９m、定員50 〜 60人の中型バスが地方や狭隘路線で使われるようになり、さらに幅2.1m、全長７m、定員25〜35人の小型バス（マイクロバス）も過疎路線を中心に使われるようになりました。近年は全長5m、定員14人のミニバス（ハイエースコミューターなど）、さらには定員10人のジャンボタクシー（ハイエースワゴン）、定員７〜８人のミニバンなども使われています。

車両のダウンサイジング（左から大型バス、中型バス、マイクロバス２台。兵庫県新温泉町）

車両のダウンサイジング（ハイエースコミューター。兵庫県豊岡市）

国の事故対策

高齢ドライバーによる事故の削減に向けて、2016年度の後半から、警察庁で免許制度の検討、国土交通省で免許返納後の移動手段確保の検討がなされました（**資料2、3**）。

警察庁では、以前から高齢ドライバー対策として、免許更新時の高

高齢運転者交通事故防止対策に関する提言（概要）

検討の経緯

「高齢運転者による交通事故防止対策に関する関係閣僚会議」における総理指示を踏まえ、平成 29 年 1 月から「高齢運転者交通事故防止対策に関する有識者会議」を開催し、高齢者の特性が関係する交通事故を防止するために必要な方策について幅広く検討

75 歳以上の高齢運転者による死亡事故件数及び構成比

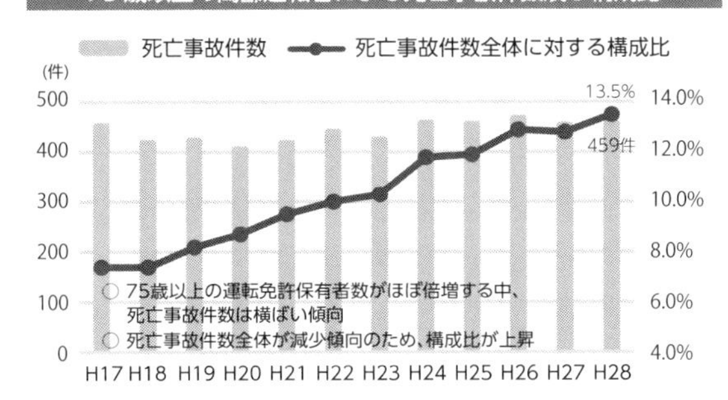

死亡事故における人的要因比較（平成28年）

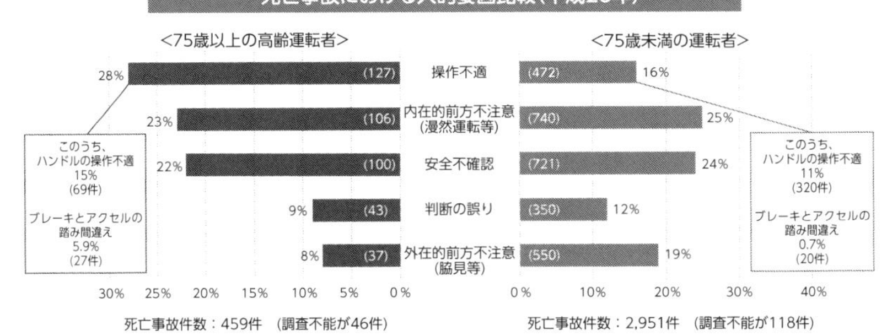

高齢運転者の交通事故防止に向けて取り組むべき今後の方策

【提言に当たっての共通認識】
「交通事故分析に基づく効果的な対策」「高齢運転者の特性等に応じたきめ細かな対策」「関係機関・団体等が連携した総合的な対策」の実施

改正道路交通法の確実な施行

○医師の診断対象者の増加を踏まえた、医師会等関係団体との連携強化による診断を行う協力医師の確保に向けた取組の推進
○高齢者講習の受講待ち期間の長期化を踏まえた、都道府県公安委員会の直接実施等による、その期間短縮等に向けた取組の推進

認知症を始めとする運転リスクとそれへの対応

認知症への対応

○認知機能と安全運転の関係に関する調査研究の実施
○認知症のおそれがある者への早期診断・早期対応

視野障害への対応

○視野と安全運転の関係に関する調査研究の実施
○視野障害に伴う運転リスクに関する広報啓発活動の推進

その他の加齢に伴う身体機能の低下への対応

○加齢に応じた望ましい運転の在り方等に係る交通安全教育等の推進
○高齢者の特性等に応じたきめ細かな対策の強化に向けた運転免許制度の在り方等に関する調査研究の実施

運転免許証の自主返納等

○自主返納の促進に向けた広報啓発活動の強化
○運転適性相談の充実・強化
○運転免許がなくても高齢者が安心して暮らせる環境の整備

先進安全技術等

○安全運転サポート車（セーフティ・サポートカーS）の普及啓発
○交差点安全支援機能や逆走防止技術等の様々な技術の活用
○自動運転の実現に向けた法制度面の課題検討等の取組の推進

資料２　警察庁の高齢ドライバー事故対策（出典：警察庁資料・2017年６月）

齢者講習の義務化、さらに75歳以上に対しては認知機能検査の実施を行っていました。これらの実施の経験を踏まえ、2017年度からの検討では、認知機能と運転能力の関係、運転技能検査の実施の検討、

資料3　国土交通省の高齢ドライバー事故対策（出典：国土交通省資料・2017年6月）

視野に関する調査などを行いました。それにより、免許更新のプロセスの見直しや一定の違反者へ運転技能検査を課すこと、サポートカー（サポカー）限定免許の導入などを盛り込んだ道路交通法の改正を行いました。高齢者の増加により、免許更新時への対応がオーバーフローしていて、一部検査の簡素化などが盛り込まれています。実技試験の実施により、対象者の約1割強の人が不合格になったようで、ある程度以上運転不適格の人には運転を止めていただく流れができました。

しかしサポカー限定免許を手続した人は少数にとどまり、限定免許の在り方については再考すべきなのかもしれません。

国土交通省総合政策局での検討会では、地域のリソースを総動員して移動手段確保をすること、自家用有償運送の審議プロセスの一部変更、許可登録不要の移動支援の要件等の一部緩和などの実施を盛り込んだ中間取りまとめが2017年６月に発表され、同年度末までに、制度や事業モデルについてのパンフレットをつくるなど色々な対応がなされました。今移動に困っている人への対策としての議論はかなりできたと言えますが、公共交通が貧弱なままでは、マイカーの利便性を享受した人が免許返納して公共交通を利用するようにはならない、という点については、これだけでは十分な議論とは言い難い面もありました（国でMaaSの検討が進んだのは、翌年以降です）。

できたこととできていないこと

高齢ドライバーの起こす事故が社会問題化し、国で対策がなされたことは、社会課題解決に向けて一歩進んだと言えますが、事故は大きくは減らず、いまだに問題解決に至ったとは言えません。自動車技術の進展で、自動ブレーキやペダル踏み間違い時加速抑制装置が新車に装着されるようになり、後付け装置も用意され、こういった装置が有効な事故形態については、事故の削減効果がみられています。しかしながら、高齢ドライバーの事故に多い、ハンドル操作ミスや一時停止を守らなくて起きる出会い頭事故については、現状の運転支援装置の機能ではカバーできない部分も多く、サポカーに乗れば安心と過信してはダメで、自身の能力を自覚して安全運転を心がけることが重要です。

運転免許対策としては、認知機能も運転実技の能力も、本人にもっとしっかり知らせて、それを自覚してもらうことが重要なように感じます。もちろんきめ細かな対応は人手がかかり、そう簡単ではないですが、ICTやシミュレーターなどの活用でうまくやっていってほしいと思います。

また、事故防止には低速化が有効であり、速度の出ないような簡易な移動具が用意され、そういったものに対する限定免許を発行する必要もあると考えられます。日本では超小型モビリティが定義され、その認定制度や型式指定制度が整えられて実車も出てきました（**資料4**）。しかし最高速度は60km/h出ます。一方、欧州のL6e規格の超小型電気自動車は45km/h以下とされており、また15〜20km/h程度のクラス3の電動車椅子・モビリティスクーターもあり、こういった低速の移動具の活用も検討されるとよいと思います（**資料5**）。

資料4　超小型モビリティの型式指定車（トヨタC⁺pod）

さらに、運転しないでも済むようなモビリティサービスの充実も必要です。運転しないとフレイル化リスクが高まるという研究報告がありますが、これは、運転しなくなった上で家に閉じこもりがちになったらそうなる、という結果と思われ、運転しなくても元気に外出して人と交わることができれば、フレイル化リスクはそんなに高まらないと考えられます。重要なのは、足が確保できて、行くところがあるということです（きょうようときょういく。［教養と教育ではなく、今日も用事がある、今日も行くところがある］）。

資料５　15km/h帯のモビリティスクーター

02 公共交通の状況

地域公共交通の凋落

前述のように、高度成長期にマイカー普及が進んだこともあり、地域公共交通の主体であるバスもタクシーも、輸送人員は1970年がピークで、その後は右肩下がりです（**資料6、7**）。都市部のバスは近年下げ止まり感がありますが、地方部のバスは下がり続けています。タクシーは、規制緩和や規制強化があり、台数は上下したこともありますが、輸送人員で見ると、ずっと下がってきています。さらに、最近は新型コロナウイルス（コロナ）の影響で、緊急事態宣言などで外出が控えられたり、他人と接触する機会を避けるために公共交通が敬遠されたりして、輸送人員はさらに落ち込んでいました。コロナが収まるにつれて、多少は復活基調にありますが、テレワークの進展や、都会から地方への人口流出などもあり、ラッシュのピークは元のように戻らず、概ねコロナ前の2割減くらいに落ち着く感じになっています。今後の日本は少子高齢化による人口減が確実視されていますが、コロナはそういった将来の減少を先取りしたとも言われています。

一方で、人口減は利用者減への影響だけでなく、運行側のドライバー不足も招いています。バスやタクシーの運転手は責任が重く、長時間労働であるなど、きつい仕事と受け止められ、若い人のなり手が少なく、高齢化が進んでいます。定年延長で何とか続けてもらっているケースもありますが、さすがに後期高齢者になると運転業務を任せるのは心配になり、引退傾向にあるため、ドライバーの確保に四苦八苦しています。将来の事業継続は困難と判断し、廃業するバスやタクシーの事業者も出てきています。事業性を改善するには、それなりの公的資

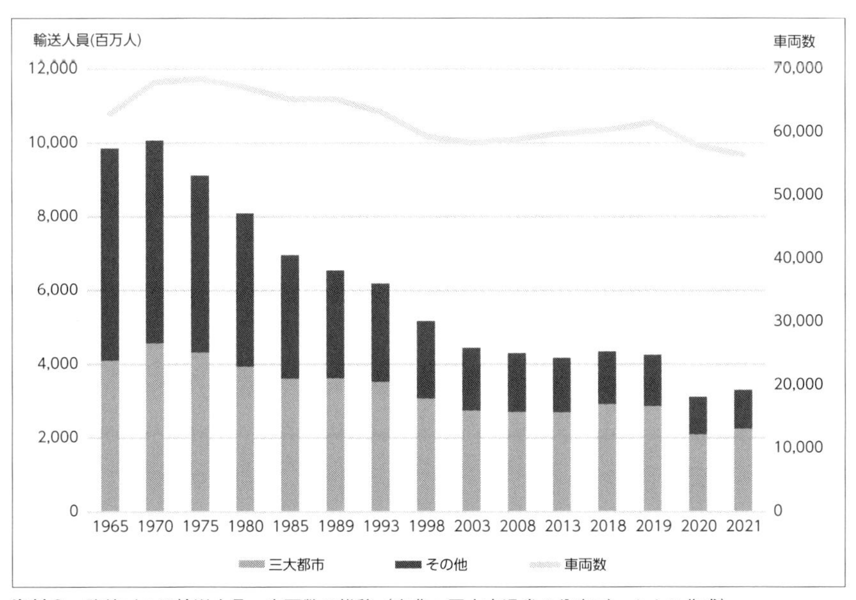

資料６　路線バスの輸送人員・車両数の推移（出典：国土交通省の公表データより作成）

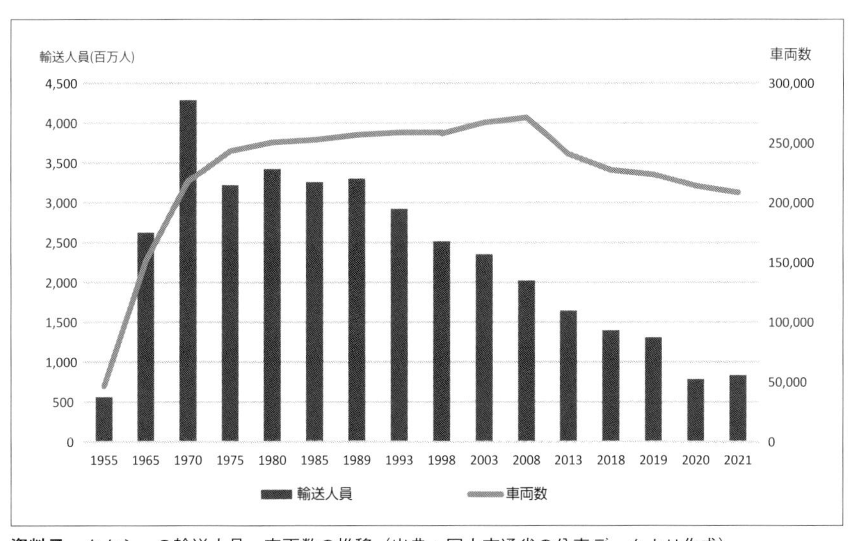

資料７　タクシーの輸送人員・車両数の推移（出典：国土交通省の公表データより作成）

金投入も必要でしょうし、ドライバーの給与などの待遇改善も大幅に行っていく必要があると思われます。公共交通は社会の重要なインフラであると皆が意識し、それを支えるエッセンシャルワーカーの方々へのリスペクトの気持ちをもっと持つべきでしょう。

これまでの施策とその限界

公共交通は地域の移動のためのインフラであり、その維持は地域にとって重要なことであるため、国でも色々な対策を取ってきています。法制度としては、地域公共交通の活性化及び再生に関する法律（最近は地域交通法と呼ばれています）を2007年に制定し、その後2014年、2020年、2023年に改正がなされ、直近では特に地方の鉄道の維持や公共交通リ・デザインに向けての諸々が盛り込まれています。

MaaSやDXと呼ばれるデジタル技術を活用した新しいモビリティサービスや既存のサービスの改善なども取り組まれています。MaaSについては、2018年度に国土交通省や経済産業省で会議体が持たれ、そこで日本版MaaSが定義され、また、その実証や実装に向けて国が支援することとなり、翌年度から支援が始まっています。MaaSは海外で普及が始まったスマホによるシームレスな移動の実現と一括決済などを意味する言葉ですが、日本ではオンデマンド交通の実施も含むことが多いです。

補助金が投入される実証実験は各地で盛んに行われるようになりましたが、運行・運営には多大な費用がかかるため、実証だけで終わってしまうことが多いのが悩みです。

Column

地域交通法

正式名称は、「地域公共交通の活性化及び再生に関する法律」で2007年に制定されました。地域公共交通の活性化・再生を一体的かつ効率的に推進するために定められており、地域公共交通活性化再生法とも呼ばれていました。市町村による協議会・計画の制度を創設し、それに盛り込める各種事業が用意されました。その後、2014年に改正され、まちづくりとの連携を位置付け、ネットワークの面的な再構築を図るための事業が用意されました。これにより、地域公共交通網形成計画の策定が進みました。さらに2020年に改正され、地域の交通資源を総動員し、競争から協調を目指し、それに併せて独占禁止法の特例法も制定されています。最近では、2023年に改正され、この時、鉄道の再構築協議会の制度が創設され、共創による「リ・デザイン」のための事業が拡充されましたが、以降、略称を地域交通法としています。

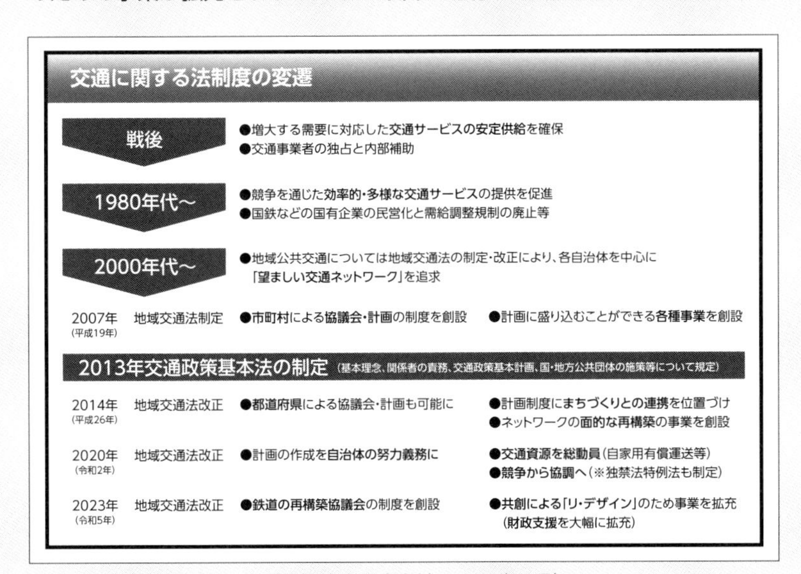

地域交通法の変遷・概要（出典：国土交通省資料・2023年6月）

新しいモビリティサービスの出現

これまで長期低落傾向にあり閉塞感のある公共交通に対し、MaaSは明るい話題で、何とか新しいモビリティサービスを実現できないかという動きも色々出てきています。その中で特に期待されているのがオンデマンド交通です。

資料8　新しいモビリティサービスの事例（長野県塩尻市の「のるーと塩尻」）

デマンド交通は初期には1970年代に利用者の予約に応じて一部ルートの変更を可能としたものから始まり、2000年頃にはルートをフレキシブルにしたものが実証されましたが、システム費用が大きくかかる割に効果が大きくなく、限られた使用にとどまっていました。予約に手間がかかったり、前日までの予約が求められて変更がしにくいなどの課題がありましたが、徐々に運営や内容の改良がなされ、携帯電話やスマホの普及、また、AI活用もあり、2010年代から利用が進むようになっています。最近は、停留所（ミーティングポイントとも呼ばれる乗降場所）を増やし、タクシー並みのドアtoドア性を有して利便性を上げたり、予約後すぐに配車ができるようオンデマンド性を高めたり、区域運行の地域を拡大して地域内全域をフルデマンドとした例も出てくるようになっています。またバスとタクシーの間の位置付けなので、運賃も１乗車300円とか500円くらいが多いですが、福祉的な位置付けとして安くした事例や、月額5,000円といったサブスクリプションの事例も出てきています。

できたこととできていないこと

こういった進歩もありますが、公共交通はマイカーが使えない人のためのものという位置付けで、交通弱者救済的な扱いになっており、想定利用者が少なく、そもそも採算性など無理という感じのものがほとんどです。色々な施策がなされ、運行のための補助などが充実してきても、今の位置付けのままでは利用者は人口減によって減少傾向にあり、マイカー利用者は利便性の点でマイカー運転継続にこだわり、公共交通はますます縮小傾向になります。マイカーによる事故の問題は解決の糸口が見いだせない状態が続いており、何とかしていかないといけません。オンデマンド交通がもてはやされるようになってきていますが、利便性を高めるようなフルデマンド運行とすると、利用者が多くない場合には個別輸送になってしまいます。これだとタクシーのような利便性を提供し、バス並みの安い運賃で運行するため、赤字補助金額が多大になります。また利用者が増えても相乗りにならないと運行費用が増えるだけになってしまいます。従って、現状のレベルより、利用者が格段に多くなり、相乗りによる運行効率向上を目指さないと、望ましい形になっていきません。

03 新たな時代に向けた課題

少子高齢化・人口減少社会がもたらすインパクト

日本は世界で最も高齢化が進んだ国となっていることは多くの方が認識していると思います。しかしながら、その実態やそのことによる諸々のインパクトについては、あまり強く意識していないと思われます。日本の高齢化は、少子化と併せて進展しています。少子化については、2022年の出生数が80万人を割ったという報道や、政府が異次元の少子化対策という施策を打ち出そうとしていることから、よく知られていると思います。高齢化の方は、高齢者の数が増えるとともに、寿命が伸びたこともあり、日本の総人口は減ってきていますが、高齢者人口は大きく減らず、結果として高齢化率が30%に近づいた状態になっています。今後は特に団塊の世代が後期高齢者になっていき、さすがに75歳を超えると衰えを感じる人が増えることから、移動が困難になってくる人が急増してくるとも言えます。

高齢者が増える一方で、就業人口といわれる15〜64歳人口はどんどん減っていきます。働いて経済活動を行う人が大幅に減り、消費する人も高齢者が多くなり数的には減っていくというのが日本の姿であり、それが今後さらに顕著になっていきます。従ってGDPを維持するには、相当生産性を上げないといけないわけであり、人口動態を考えると、今のままを継続していくことさえ困難になってくる時代になると言えます。

都会にいると、高齢者が増え、子どもが減ったくらいの感覚しかないかもしれませんが、地方に行くと、人口減少が顕著であり、空家も急増しています。これは地域での、医療・介護、生活を支えるスーパーなどの利用者が減ることにつながり、事業性の悪化となり、事業継続が厳しくなることも想定されます。事業を維持しようとすると、現状より広域のエリアの人を対象としたビジネスを考えねばならず、移動

Column

人口減少の実態

日本の総人口の推移（実績値と将来推計）を図に示します。少子高齢化が顕著であり、既に人口が減少傾向です。これは日本全体でのものなので、大都市では人口減少の実感がまだ薄いですが、地方地域、特に中山間地域では人口減少が顕著で、地域の集落の消滅も進むと言われています。もう１つは、中山間地域の一例で、高知県仁淀川町の将来人口推計です。現在約5,000人弱が、2045年には2,200人を割り半減以下になると予想されています。

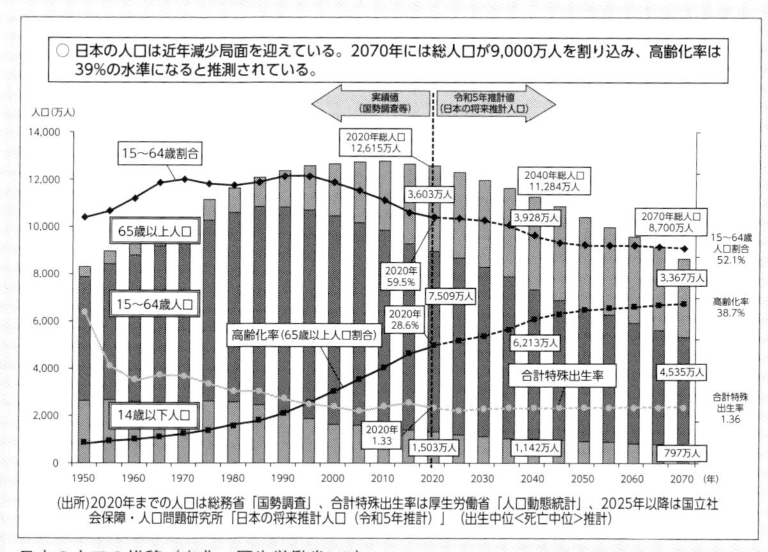

日本の人口の推移（出典：厚生労働省HP）

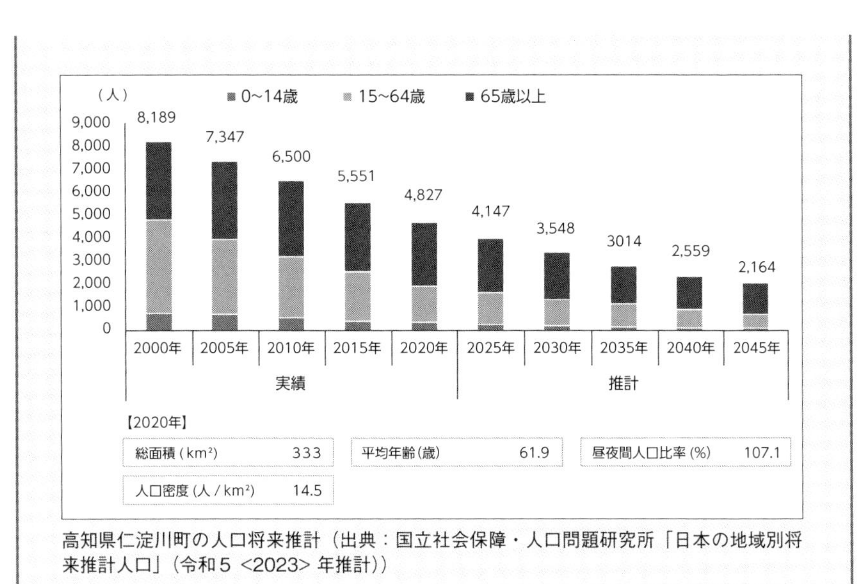

高知県仁淀川町の人口将来推計（出典：国立社会保障・人口問題研究所「日本の地域別将来推計人口」（令和５ <2023> 年推計））

距離の増加をどう受け止めるかが重要になってきます。マイカーで自由に動ける人は多少距離が遠くなっても大丈夫かもしれませんが、そうではない人は交通が十分に用意されないとサービスを受けられず、逆にサービスを届けようとする側からも移動距離の増加は効率悪化となり、事業性が悪くなることは避けられないです。

このように、今の生活を維持しようとすることさえ、徐々に厳しくなっていくと考えられ、地方の、特に過疎地域でこのような状況が顕著になっていきます。従って、今後を考えると、人口減少は避けられないにしても、ある程度の人口規模で、地域が存続できるように、まちづくりをしっかり考えていく必要があります。国土交通省では、コンパクト・プラス・ネットワークというコンセプトを提案し、広がった地域を小さな拠点を中心に集約化し、その小さな拠点と大きな拠点、あるいは小さな拠点同士を交通のネットワークで結んでいく姿を示しています。ただ、その場合、小さな拠点をどの程度の規模とし、どういう機能を備えていくのがよいのか、ネットワークとしての交通の姿をどうするのか、といった点については、まだまだモデルケースがしっかりあるとは言えない状況であり、これから優良事例をつくっていく段階と言えます。

カーボンニュートラルという大きなハードル

今後を考えるに当たり、もう一つ大きなインパクトをモビリティの分野に与えそうなのがカーボンニュートラルです。地球温暖化防止のため、CO_2の排出を増やさなくする、というもので、ガソリンや軽油を使う内燃機関（エンジン）車は燃焼によりCO_2を出すため、そのままでは残れなくなります。日本は2050年にカーボンニュートラルを達成することを宣言し、2035年には電動車しか売れなくなるようにすると言われています。電動車がBEV（バッテリーEV）やFCEV（燃料電池自動車）だけを指すのか、HEVやPHEV（ハイブリッド車やプラグインハイブリッド車）まで含めるのかは、まだはっきりしていませんが、いずれにせよ何らかの電気駆動の車でないと使えなくなります。欧州ではエンジンを積む車両を排除するという、もっと厳しい方向を打ち出していましたが、2023年になって、CO_2と水素からつくる合成燃料であればエンジン車も認める、という形になってきています。

これらの動きは、モビリティにどんなインパクトを与えるでしょうか。BEVは値段が高く、車の維持費が倍くらいになることが想定されます。しかしながら、航続距離は限られ、充電時間は長く、航続距離を伸ばすためにバッテリー量を増やすと、さらに重く高い車になってしまいます。量産効果で安くなる、と期待する声がありますが、テスラ社は既に年間180万台以上の販売実績があり十分量産が進んでいますし、バッテリーそのものの値段はメーカー間の競争により多少は下がっていくとは思われますが、劇的に下がる要素はないです。いずれにせよ、軽自動車のEVで300万円、小型車のEVで500万円、SUVだと600万円は覚悟する必要があります（現状では補助金がたくさんつきますが、普及していくと1台当たりの補助額は少なくなっていくはずで、これまでのエンジン車に比べると2倍くらいの値段を覚悟する必要があります）。また、BEVでは、安い中古車でバッテリー劣化が甚だしいと、バッテリーの新品交換で100万円近い出費も想定され、

Column

車の値段の推移

1980年頃は、安い軽自動車は50万円程度、大衆車が70~90万円程度、高級車が150~200万円程度でした。最近は、軽自動車でも約100万円から200万円を超えるものまであり、大衆車だとハイブリッド車が多く約250万円から約300万円程度、ミニバンになると約400万円に達します。さらに、中高級車だと、約400万円から約600万円くらいになります(昭和の終わりの10年程度で、装備が充実し2~3割価格が上昇、平成の30年間で装備の充実とハイブリット化などで2倍程度上昇)。一方、バッテリーEVだと、軽でも約300万円、普通車だと約500万円から約600万円、高級車だと約800万円くらいのものもあります。エンジン車に比べてハイブリッド車は約1.5倍、バッテリーEVは約2倍の値段になっていると言えます（昔の車に比べると安全装備等が充実していたり、またEVは多額の補助金が出るなど、厳密な比較はしにくく、大まかな目安としての値を示しています)。

中古車だから安く維持できるとは言えません。

eフューエルと呼ばれる合成燃料は、今のエンジンにほとんど手を加えずに動かせると期待されていますが、燃料の価格は現状ではリッター700円程度と言われています（ガソリン価格はリッター170円であると、税金を除けば100円以下)。コストの約9割を水素の値段が占めていると言われ、再生可能エネルギーによる電気で電気分解するグリーン水素が、今後どこまで安くなるかがキーになります。安くなることと同時に、十分な供給量も必要です。物流のトラックは、長距離を走るものについては、バッテリーEV化はバッテリーの重量のため積み荷の積載量が減るので嫌われ、FCEVやeフューエルへの期待が強く、それへの供給量を十分取るとなると、マイカーにどれくらい回ってくるのかは未知数です。さらに、原理的にはCO_2フリーでよいのですが、生成に多大なエネルギーを要するので、それでよいのかという指摘もあります。

仮にeフューエルがリッター400円程度になったとしても、今のガソリンや軽油と比べると非常に高くなるため、車の維持費が高騰するのは間違いなさそうです。昨今のガソリン価格がリッター200円に到達しようとする状況で社会問題化しているのを見ていると、その倍くらいになることは容認しづらい話になるかもしれませんが、カーボンニュートラルというのは、それくらいハードルの高いゴールです。2050年までに技術の進化でどれくらいコストダウンが進むのか、行方を見守る必要がありますが、あまり楽観視できそうになく、マイカーがこれまでのように容易に所有・使用ができていた時代から激変していくことが予想されます。

こういったカーボンニュートラルに向けての動きは、2030年頃から加速していくと考えられ、今のままの車の所有や使用の費用が高騰していくのに対し、それに応えられるように賃金上昇など収入面が増

Column

カーボンニュートラルに向けた日本自動車工業会のシナリオ分析

日本自動車工業会では、2050年カーボンニュートラルに向けてのシナリオ分析を2022年9月に公表しました。そこでは、eフューエルなどの合成燃料(CN燃料)の占める割合によってケース分けがされています。FCEV(燃料電池自動車)、BEV（バッテリー式電気自動車)、PHEV（プラグインハイブリッド自動車)、HEV（ハイブリッド自動車)、ICE（内燃機関）の割合について、新車のものと市場での保有状況について、2020年から2050年までの推移が描かれています。いずれのケースにおいても、2020年から2030年の10年間には、2050年までの30年間の1/3近くの進展が望まれ、2024年には、その4/10が達成されていることが期待されますが、現状はまったくと言ってよいほど追い付いておらず、今後は急激な変化がないと目標達成に間に合わないと考えられます。

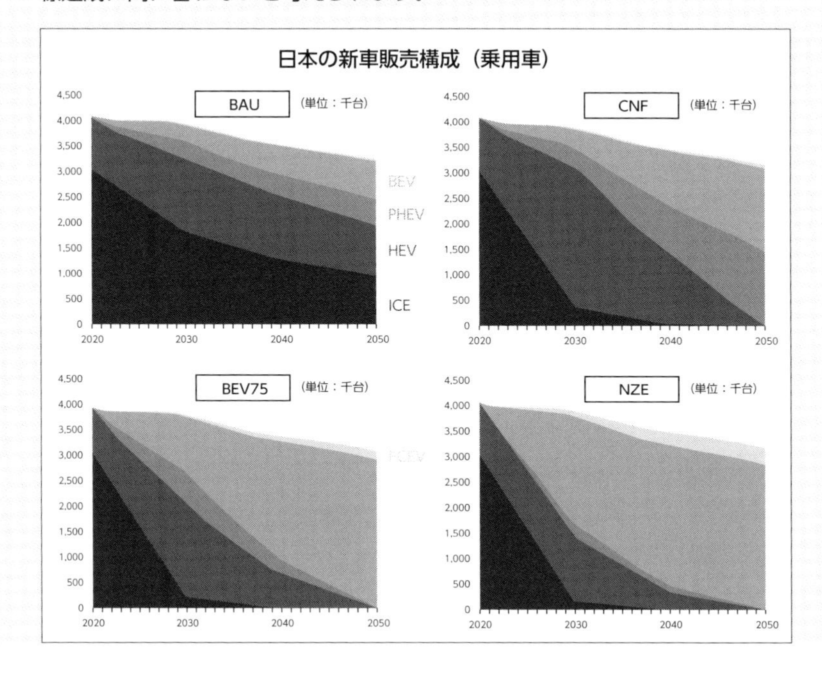

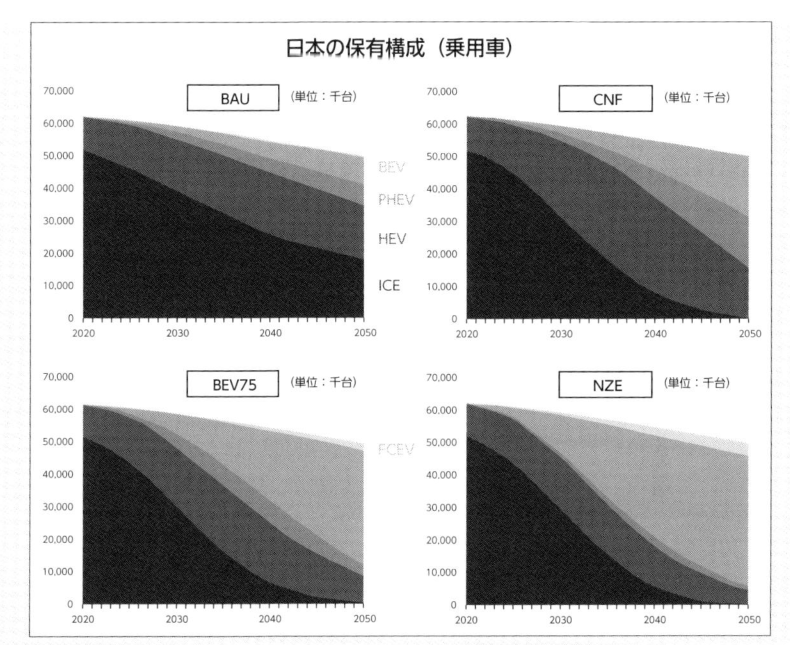

日本自動車工業会が発表したカーボンニュートラルへのシナリオ分析
（出典：日本自動車工業会資料）

【4ケースの説明】BAUは成り行き。CNFはCN燃料積極活用でCN燃料30%程度。BEV75は電動化積極推進でCN燃料が20%程度。NZEは完全BEV・FCEV化で、CN燃料がバイオ燃料のみで7%程度。

えていくとよいのですが、経済が突然目ざましく発展し、企業が潤い、給与が劇的に上がるとは、これまでの経緯や昨今の状況を見ると考えにくいです。そうなると色々と切り詰めていかねばならず、マイカーで自由に動き回れることを諦めざるを得なくなる人も増えてきそうです。そうした場合でも、移動に関するニーズはなくならないので、何らかの移動手段が必要です。モビリティサービスがうまく受け皿になっていくとよいと思います（モビリティサービスも経費の上昇が見込まれますが、後述のように、マイカー転換層が高頻度で使用すれば、運賃収入の増収でかなりの部分が賄えるはずです）。

マイカー維持を断念せざるを得なくなって人々が移動できなくなるような社会「移動困窮社会」にならないために、デマンド交通を進化させ、利用者が劇的に増えても使えるシステムにしていくことが必要なのです。そのための方策を考えていかなくてはいけません。

世界の中の日本

もう少し広い視点で、世界の中の日本を考えてみたいと思います。日本は人口約1.2億人の島国ですが、戦後の高度成長期の発展は目ざましく、技術による工業立国となっています。特に自動車産業は、良い品質のものを安くつくるという点で、世界を席巻してきました。ハイブリッド車の技術は世界一であり、優れたハイブリッド車を世界に提供してきています。しかしながら、最近は韓国や中国の発展が目ざましく、安い人件費で低価格車を提供できるようになり、日本車の地位が危ぶまれてきているとも言えます。高い技術による高品質という点はまだ優位性があるものの、海外のBEVの攻勢にはやや後れを取っている面も出てきています。また自動運転やモビリティサービスについても、元からの自動車メーカー以外の新興勢力の勢いが凄く、自動車大国としての位置が危ぶまれているとも言えます。

もちろん、日本の自動車メーカーも、CASE対応には力を入れていて、技術面で進化してきていますが、車づくりの中で、ソフトウエアの比率が高くなってきており、従来型の車づくりから発想を変えていかないと、国際競争を勝ち抜けなくなってきています。

そういう大きな変革の中で、究極は無人のロボットタクシーであり、それを目指した動きも急で、モビリティをサービスとして提供し、利用者に使ってもらうという形がじわじわと浸透していくと考えられます。Uberに代表されるサービスは海外に行くと普通に使われていま

Column

日本の世界での順位もろもろ

世界の諸々のランキングを見ると、日本は、2022年IMF統計に基づく名目GDPは世界３位ですが、世界競争力はIMD世界競争力年鑑2023年版によると35位、平均給与は2020年のOECDデータでは22位となっており、平均給与は30年間変わっていないと言われています（諸外国との比較は図のとおり）。また、1989年の世界企業時価総額ランキングでは、トップ50に日本企業が32社入っていましたが、2023年12月ではトヨタ自動車の39位だけになっています。

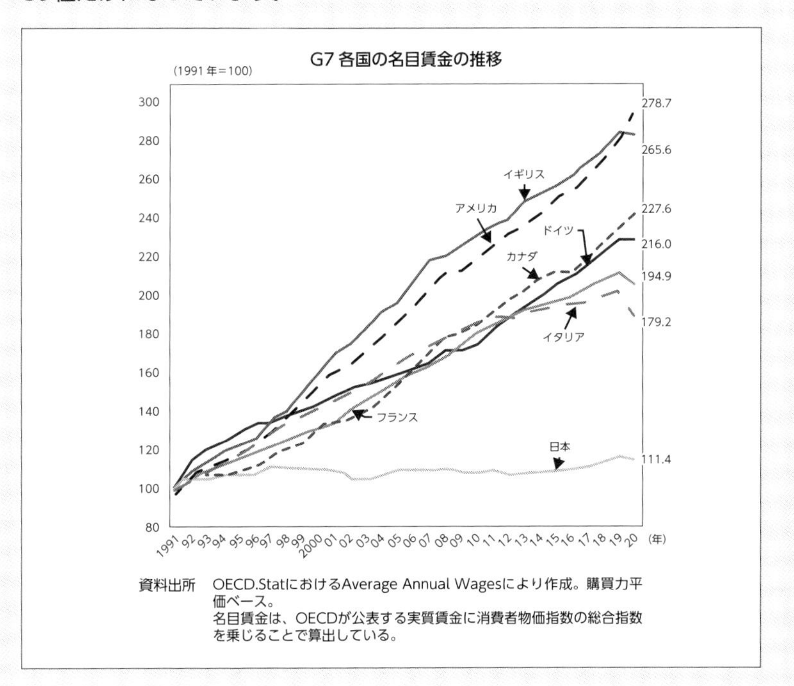

G7 各国の名目賃金の推移

資料出所　OECD.StatにおけるAverage Annual Wagesにより作成。購買力平価ベース。
名目賃金は、OECDが公表する実質賃金に消費者物価指数の総合指数を乗じることで算出している。

す。こういった点を考慮しつつ、日本のモビリティを今後どうしていくかをしっかり考えて実行していかないと、車もサービスも海外製という形になりかねない状況で、そうなったら、ますます日本沈没です。

Column

海外のロボットタクシー

海外では自動運転の一つの出口としてロボットタクシーが期待され、アメリカと中国では無人のロボットタクシーが走り始めています。サンフランシスコでは、Waymo社とCruise社が実際に営業運行を実施していて、徐々に運行の時間や範囲を広げつつあります。

アメリカのロボットタクシーの例（Cruise社） 撮影：JARI北島創

アメリカのロボットタクシーの例（Waymo社） 撮影：JARI長谷川諒

これからのモビリティについての考え方

これまで述べてきたことを総括すると、高齢ドライバーの起こす事故を減らしていきたい、衰退傾向にある公共交通に新しい技術を適用してモビリティサービスとして再興したい、しかし少子高齢化・人口減少は確実に進展していく、カーボンニュートラルに向けての動きも進展しマイカー維持が困難な時代になっていく、さらにCASE対応で自動車業界が大改革の時代になり国際競争力を維持していかないと日本の地盤沈下が懸念される、といったたくさんの課題に対して、知恵を絞って対応していかないといけない、というのが今日の状況です。

これは、国に任せていればよい話ではなく、また、自動車メーカー等が頑張ればよい話でもなく、一人一人の個人が自分事として将来の姿を真剣に考えて対応していくことが求められる話と言っても過言ではないと思います。

まず、高齢ドライバーの起こす事故をなくすには、マイカーを使わないで済むような利便性の高いモビリティサービスを用意することが必須です（それでも、マイカー利用の全部を置き換えることは難しく、機能が拡大された高度運転支援システムの装備された車の使用、低速型の超小型車のようなパーソナルモビリティの使用なども組み合わせる必要があると思われます）。

75歳以上の高齢者の免許保有者は約667万人いるそうです。元気に運転している人もいれば、ペーパードライバーで免許を維持しているだけの人もいると考えられます。加齢により運転がしづらくなり、そろそろ運転を止めたいが他の移動手段がないので無理して運転している人はどれくらいの数になるでしょうか。農林水産政策研究所のプロジェクトで食物の入手に困る人の数の推計を行い、免許返納の予備軍とも言える人の数を求めたところ、298万人（2015年の報告）でした。それから時間が経過しているので、もっと数は増えているはずで、ざっと300万人以上の人がそういう状況にあると言えます。

マイカーの維持に年間どれくらいの費用がかかっているでしょうか。車は軽自動車から高級車まで色々あり、また新車か中古車かでも購入価格は異なりますし、税金や強制保険の額は明確ですが、任意保険の費用は様々です。さらに駐車場代も地域差が大きいですが、ざっと計算すると月額2万円から10万円くらいになりそうです。これをざっくり平均して月額5万円とすると年間60万円となります。上述の300万人と掛け合わせると、1.8兆円となります。これが、そろそろ運転を止めようかと思っている人が年間にマイカーの維持にかけている金額の総額になります。これは2010年頃の全国のタクシーの営業収入に匹敵するくらいの額であり、凄い金額です。従って見方によれば、こういう属性の人のモビリティをサービスとして全部受けることができれば、事業規模が2倍になるとも言えます。もちろん、こういった高齢者の車の使い方は様々であり、例えば、軽トラックで畑に行くといった用務はモビリティサービスに転換できないです。しかし、仮定の話ではありますが、高齢者が車へかけるお金の何割かでもマイカーからモビリティサービスへ引き寄せることができれば、タクシーのような交通事業が格段と拡大することになると言えるのです。

さらに、若年層の車離れで、免許取得者が減少しているという面もありますし、1人1台のマイカーを所有している家庭での維持費の負担も大きく、また、子どもや高齢者の家族送迎でドライバーとなる人の時間拘束による負担を考えれば、マイカー並みの利便性を有するモビリティサービスの需要はさらに大きいものになると考えられます。

もちろん、このようなモビリティサービスが期待に応えられるようになるためには、ドライバー確保や事業性の面からのハードルも高いですし、マイカーからの転換層が期待するほどの数になるかどうかも不透明です。また、この転換層がマイカー使用並みに高頻度でサービスを使い、それに見合う運賃を支払ってくれるかについてもサービスの利便性や運賃制度の設計にかかってくると思われ、その辺はしっかり慎重に検討していく必要があります。

しかしながら、家計の収入が変わらないのに、マイカー維持費が２倍になったら、もう維持できないと言う人は少なくないと思われ、そういう人たちのモビリティを確保できないと、家に閉じこもりがちになり、個人も地域も閉塞感が漂うものになってしまうのではないでしょうか。そんな移動困窮社会（マイカーは維持できなくなるが他のモビリティサービスが提供されずに移動がまさに困窮してしまう社会）にならないようにするには、交通事業というサービス提供者側だけではなく、サービスを受ける側、一般市民側からも、どうしていったらよいのかを考えていく必要があると思われます。

Column

マイカー所有費用

マイカーの所有費用は様々ですが、いくつかの仮定をして３つの地域について試算してみました。もちろん個人ごとのケースに応じて幅があるものなので、一つの目安としてのものです。

年間走行距離	地域差も想定されるが、個人に依存し、かつ費用の変動への影響は少ないため、民間調査結果を基に全国平均の6,000kmに設定
ガソリン価格	経済産業省資源エネルギー庁の「給油所小売価格調査」の令和5年2月13日時点の都道府県別レギュラーガソリン価格を採用
駐車場代	総務省統計局「小売物価統計調査年報2021年」の都道府県庁所在市および人口15万人以上の市別車庫借料を採用

パターン	項目	金額	備考
福島県内 駐車場代なし 中古軽自動車 購入の場合	ガソリン代	100,860	年間走行距離6,000km　燃費10.0km/L レギュラーガソリン代168.1円/L（福島県）
	駐車場代	0	戸建て住宅で駐車スペースがあるため不要
	車検代	25,000	1年換算分
	保険代	100,000	自賠責保険・任意保険（1年分）
	税金	14,100	12年以内の自動車の自動車重量税（1年分）、自動車税（1年分）
	車購入代	100,000	50万円の軽自動車中古車の5年利用を想定
	年間維持費計	339,960	
	月維持費	28,330	
埼玉県内 駐車場代あり 新車乗用車 購入の場合	ガソリン代	97,140	年間走行距離6,000km　燃費10.0km/L レギュラーガソリン代161.9円/L（埼玉県）
	駐車場代	182,496	駐車場代月15,208円（さいたま市）
	車検代	33,000	1年換算分
	保険代	100,000	自賠責保険・任意保険（1年分）
	税金	33,200	12年以内の自動車の自動車重量税（1年分）、自動車税（1年分）
	車購入代	150,000	150万円の乗用自動車新車の10年利用を想定
	年間維持費計	595,836	
	月維持費	49,653	
東京都区部 駐車場代あり 新車乗用車 購入の場合	ガソリン代	101,100	年間走行距離6,000km　燃費10.0km/L レギュラーガソリン代168.5円/L（東京都）
	駐車場代	317,928	駐車場代月26,494円（東京都区部）
	車検代	33,000	1年換算分
	保険代	100,000	自賠責保険・任意保険（1年分）
	税金	48,300	12年以内の自動車の自動車重量税（1年分）、自動車税（1年分）
	車購入代	300,000	300万円の乗用自動車新車の10年利用を想定
	年間維持費計	900,328	
	月維持費	75,027	

マイカー維持費のパターン（各種統計情報や公開情報、民間調査結果を参考に設定）

次に高齢者の生活の質（QOL）の視点から見ていきます。高齢者のフレイル化のリスクは、社会性の維持ができているかどうかに大きく依存している、との研究報告があります。誰とも交わらず一人黙々と運動に励む人より、地域活動に参加して他人とコミュニケーションを取る人の方が、フレイル化のリスクはかなり低いことが示されています。社会性が保てず、孤立化してしまうと、脳への刺激が減り認知症の発症リスクが高まりますし、人と交わらなければ食事も粗食化して栄養が十分取れず、また、歩き回ることをしないと足腰が弱る、という生活不活発病となってしまいます。従って、移動手段が確保され、地域との接点を持ち、毎日のように外出して、楽しく暮らせた方が、ご本人にとっても健康維持ができてハッピーでしょうし、それが医療費や介護費の節約につながれば、社会にとってもプラスになるでしょう。さらに、通信販売のようにサービスを家で受け取るのではなく、まちへ出て行って、自分の目で直接商品を見て買い物をしたり、友人と食事をするような機会が増えると、地域経済も潤うはずです。これまでは、マイカーが移動手段となり、それで移動ができている人と、公共交通を利用する、移動手段が貧弱な人との間で、外出回数が大きく異なり、生活の質も相当違っていたと思われますが、今後はモビリティサービスを皆で利用し、一緒にまちに繰り出し、いきいきとした生活を送ることができるようにしていきたいものです。マイカー運転だと、出先でお酒も飲めないし、駐車場で狭い駐車マスに入れるのに苦労し、駐車料金を気にしながらの買い物になったり、事故を起こすリスクを気にしながらの運転となったら、道中楽しめないです。運転することが楽しいと考える人も一定数おり、そういう人まで転換せよとは言いませんが､価値観を少し変えることで､こういったモビリティサービスを活用し、生活の質を高めることができると思っています。

Column

高齢者のフレイルリスクとフレイルチェック活動

高齢者の虚弱化は、以前は要支援・要介護者の数で表されていましたが、最近は、その手前のフレイル化が注目されています。フレイルは何段階かを経て進行するもので、フレイル予防をきちんとすれば虚弱化の進行を抑えられることから、フレイルチェック活動やフレイル予防が盛んに実施されています。フレイル予防には、社会性の維持が最も重要で、地域活動等をせずに体を鍛えるだけではフレイルリスクは高くなるということが、図で示されています。

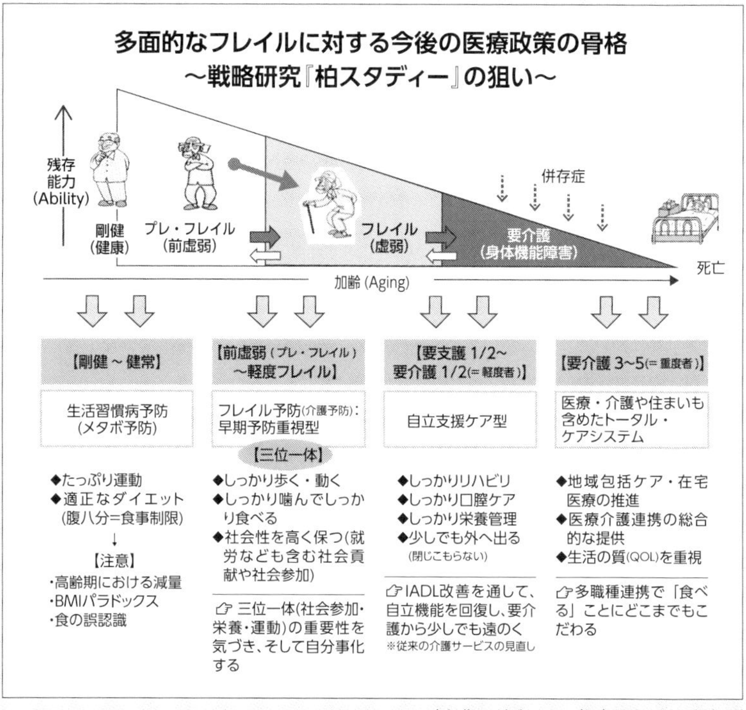

（出典：柏市HP・飯島勝矢氏提供資料）

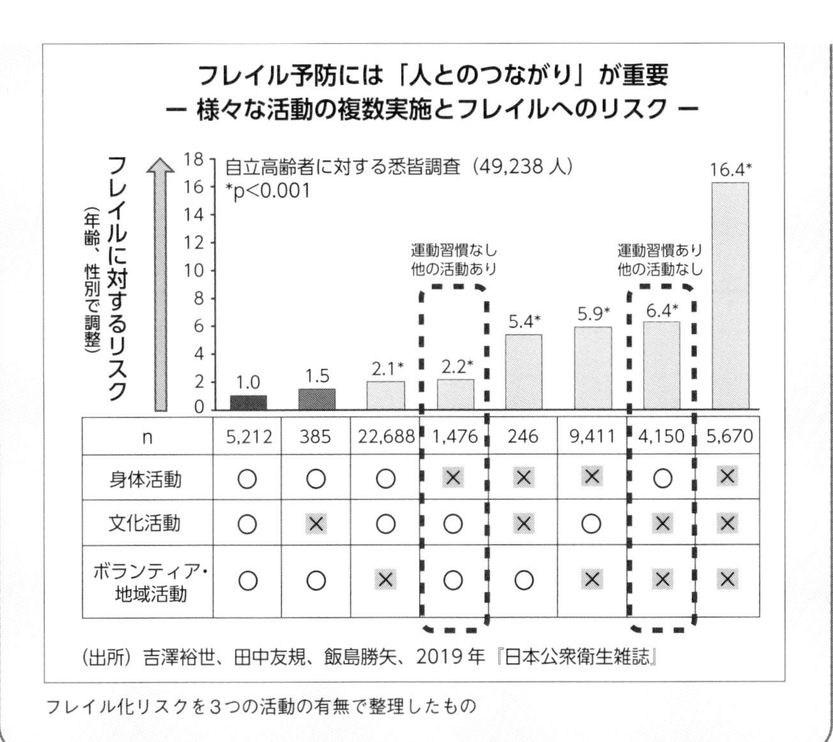

n	5,212	385	22,688	1,476	246	9,411	4,150	5,670
身体活動	○	○	○	×	×	×	○	×
文化活動	○	×	○	○	×	○	×	×
ボランティア・地域活動	○	○	×	○	○	×	×	×

（出所）吉澤裕世、田中友規、飯島勝矢、2019 年『日本公衆衛生雑誌』

フレイル化リスクを３つの活動の有無で整理したもの

それでは、地域交通はどのようなものになっていけばよいでしょうか。当然、地域の規模や特性によって色々な形になるものですから、それらは地域の類型化の話と併せて後述することにし、ここでは大まかなイメージを記したいと思います。オンデマンドのモビリティサービスは便利なものですが、それだけを10㎞も20㎞も乗るような形態だと相乗りが発生しづらく、車の運用効率が下がってしまい、事業の成立性が困難になってきますので、やはり基幹交通とそれを支える枝葉の交通のセットで地域交通を考えるべきでしょう。そうなると乗り継ぎが発生し、時間のロスができてしまいますが、なるべくその負担が軽くなるように、乗り継ぎ場所での時間の使い方も考慮した中継点の設計が必要になってきます。10km程度以上の遠方に行くには鉄道や中長距離バス、10kmくらいまでは拠点間を結ぶ路線バス、新しいモビリティサービスは数kmくらいに限定した方が、低廉な運賃で利便性の高いサービスを提供できると考えられます（もちろん、10km程度まで速く行きたい人は、高い運賃を払ってタクシーを使えばよいです）。ですから、自宅、あるいはその周辺から用務先が数kmであれば直接行く形、それより遠ければ小さな拠点や中継点でバス等に乗り換える形が望ましいと言えます。その範囲においても、他の人を拾うため多少遠回りしても安く行けた方がよいと考える人もいれば、多少高くてもなるべく遠回りせずに直行してほしいと考える人もいるはずで、そこは運賃設定を何種類かにするなど工夫すればよいと思います。今のデマンド交通は、遠回りするのは利用者から受け入れがたいと考えて、遠回りを極力避けて、その結果、配車不能と返事をして予約を受け付けないことが多いようです。予約・配車が成立しないと言われると、サービスへのネガティブな印象を与えてしまうので、運賃設定にもよりますが、予約があればそれを受けてすぐに迎えに行くという設計にした方が受容性が上がるのではないでしょうか。もちろん、この点も、動いている車が多いほど配車がしやすくなるわけであり、それだけ利用者が多く、事業性が高まった状態にうまく持っていけると、より利用しやすくなるものです。今のデマンド交通のように台数が少なく、呼んでもなかなか来てくれないという形態から、一桁多いくらいの台数で回していけるような形態にしていくという大きな変革が必要であり、それをどう実現していくかが重要な鍵となります。

マイカー運転並みのモビリティサービスが十分供給されると、マイカーからの転換層の利用頻度が高くなり、それに応じて運賃をたくさん払ってくれるものとなります（マイカー維持費より安く、利便性が

資料９　デマンド交通の例（チョイソコめいひめ）

高ければ、そういう使い方をしてくれるはず）。一方、外出頻度が低く、移動の出費を抑えたい人にとっては、多少高い運賃にはなりますが、自宅近くから使いたい時に使えるという利点のあるものになります。さらに運賃設定を、月額いくらで乗り放題というサブスクリプションにすれば、お金を払ったのであれば、たくさん乗った方が得と考えて、外出頻度が増したり、同じ日の行き先が複数に増えたりすることも期待されます。たくさん乗る人には月額数万円という高い設定、週に1、2度の外出という人には月額数千円という安い設定でいくのが、多様なニーズに応じるものとしてよいのかもしれません。

このようなモビリティサービスの成立には、需要側と供給側双方の条件があると考えられます。詳細は後述のシミュレーション等で示しますが、需要側としては、まず、そのようなサービスが受け入れられて、マイカーからの転換で利用者が増えることになるのかという論点があります。これまでに示したように、マイカーの維持費はこれから増大していくので、その負担増を受け入れてマイカー使用を続けるのか、あるいはマイカーの維持費より負担が減るのであれば、新しいモビリティサービスを使ってみようと思うのか、その場合、どういうサービスならマイカーの利便性にはかなわないが受容できるレベルなのか、その辺をクリアにしていくことが必要です。もちろん、個人の考え方は様々ですし、転換を強制することはできませんが、マイカー維持の負担が2倍になると行動変容する人が多く出てくるのではないでしょうか。

一方、供給側としては、現状に比べて格段と需要が増えた時に、リクエストに応じて適切に配車ができるかが鍵となります。走っている車の台数をどんどん増やせば、増えるリクエストに対応できるでしょうが、当然コストもかかります。事業性を考えて、どの程度の車両数とすれば、配車不能とならずに済み、利用者の受容性を上げることができるのか、その辺の検討が必要になってきます。また、事業として実施する際に、十分なドライバー数を確保できるかという点も課題になると思われます。これについては、ドライバーの給与などの待遇面をアップすれば、当面は（もちろん地域特性にもよりますが）人材確保はできるだろうと考えます。

いずれにせよ、オンデマンドのモビリティサービスは現存していますが、ここで考えているような需要と供給のレベルは、今と比べて桁違いに数が多いものを想定しているので、その成立性をどのようにとらえるか、そこに至る道のりは、まだまだ未知のものとも言えます。

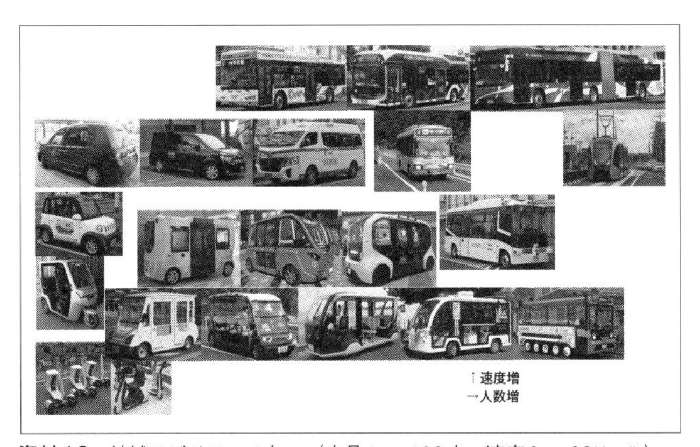

資料10　地域モビリティの色々（定員1～120人、速度6～60Km/h）

04 課題のソリューションに向けて

これまで記してきたように、高齢ドライバーの引き起こす事故をなくすためには自家用車の運転からモビリティサービス利用へ転換することが望ましいです。現状の公共交通では貧弱で転換は進まないと思われますが、最近普及し始めたオンデマンド交通はその転換策としてのポテンシャルを有しています。今後を考えるとカーボンニュートラルに向けたモビリティの変革においてマイカー保有の負担が増していくと思われます。その意味からも高齢者だけではなくマイカー維持が困難になる層の受け皿としても新しいモビリティサービスをオンデマンド交通の発展形でつくっていくことが大事になっていくと考えられます。そして、そういう流れをつくっていかないと、マイカーに過度の依存状態にあるところから、維持費急増で手放していく人が増える一方で、受け皿になるモビリティ手段が確保できず、「移動困窮社会」になってしまうのではという懸念があります。そういう意識を持って、この後、課題のソリューションに向けての考えを記していくことにします（運輸総合研究所の委員会での検討は、後に詳しく記します）。

移動の将来形

通信販売等が普及し、家から外に出ないでも、色々なサービスを受けて生活ができるような時代になってきています。外出頻度のデータを見ると、若年層において以前より外出頻度は減ってきていると示されています。逆に高齢層は、以前より元気になっているという研究報告もあり、外出頻度はむしろ増えています。

まったく外出することなしでの生活はありえず、また外出することによって得られる人との交わりや、歩くことによる健康維持などは、生活する上で重要なファクターであると考えられます。歩いて暮らせるような環境にあれば、徒歩だけで済むかもしれませんが、そういうケースは多くなく、何らかの移動手段が必要となります。地域の状況、人の身体特性・経済特性などにより移動手段の形態は様々に考えられますが、マイカーが使えなければ、数百mから1km程度は徒歩や自転車、10km以上だと鉄道など、その間はバスなどでの移動が手段として主たるものになると思われます。公共交通網が整備されていれば、それらを使えばよいですが、そうではない地域も多くあります。そうなるとタクシー利用が考えられますが、タクシー運賃は比較的高額であるため、日々の足として使うことはなかなか難しいでしょうし、タクシーは贅沢品であるので利用している姿をご近所の人に見られたくないという意識が働く場合も多くあると聞きます。

そんな状況を考え、移動手段のあるべき姿としては、人々の生活ニーズに合わせて、行きたい時に行きたい所へ行けるような手段が備わっていることが望まれるところです。

もちろん、移動にはコストがかかるので、そのコストをどのように負担するかも重要なファクターです。公共交通は利用者が払う運賃を収入のベースとしていますが、利用者が多くないと運賃収入だけでは運行できず、何らかの補助によって成り立っているケースも少なくありません。マイカー使用では、所有にかかる費用も移動にかかる燃料代も、すべて自己負担であり、総額を算出してみると、年額数十万円のオーダーになります。

そんなこんなを考えますと、移動のあるべき姿としては、それなりのコスト負担をしながら、好きな時間に好きな所へ行けるということを実現するものと言えます。

では、利用者サイドから考えると、その利便性をどれくらいのコスト負担で得ることがよいのか。当然利便性のレベルにより費用は様々になっていくでしょうが、マイカーにしろ、モビリティサービスにしろ、利便性と費用の関係をどうバランスさせて実現していくのかが、手段選択の鍵になりそうです。モビリティサービスの運行サイドから考えると、当然事業として成り立っていないと実施できません。運賃収入だけで事業が成立すれば、それで色々な事業者が参入して競争で良いサービスが提供されることが期待できますが、利用者数が多くないと運賃収入だけでは事業は回せず、何らかの協賛金や公的資金の投入が必要になってきます。地域の特性により状況は変わってきますが、ある程度類型化して、あるべき姿の目安を示せるとよいと考えます。

デマンド交通の好事例：多くの利用がある例

たくさん利用されているデマンド交通の事例として、西日本鉄道(西鉄）の「のるーと」が1台1日80人という輸送実績があります。この80人という数字は、ピンとこないかもしれませんが、大型路線バスであれば定員80人くらいなので、1便を満員にして運べる数です（往復を考えると40人が行って帰るとみれば、座席定員30＋立席10で一往復)。一方で小規模輸送のデマンド交通では、1日に1台で十数人というところも少なくなく、80人という数は、10人乗りのジャンボタクシーが入れ替わりで人を乗せて動き続けるくらいのものになります(過疎地域での実証実験等では、日に1桁人数という実績もあり、この80人という数字の大きさがイメージできると思います)。

福岡県での「のるーと」は数路線あり、それぞれ好評でたくさんの利用者がいるようですが、西鉄が単独で運営し、1台で切り盛りをしている、壱岐南地区の「のるーと」をみていきます。この地区は、地下鉄七隈線の終点橋本駅から西に広がっている新興住宅地で、西鉄バスの壱岐営業所の辺りまでは一般路線バスが頻繁に走行していますが、住宅地の内部は道路が狭いので、これまで十分な移動手段がなかった所でした。ここでは、ミーティングポイントを多数設定し、その間をデマンドに応じて結ぶような路線設定をしていて、予約に応じて10人乗りのジャンボタクシーが配車・運行され、1回当たり300円の運賃です。域内に住民の用務先がある他、橋本駅に出て福岡・天神方面への移動も可能であり、人口密度が高いことから、計画当初からそれなりの利用が見込まれるところでした。しかしながら、1台だけの車両数では、頻繁に入る予約にどこまで、どんな感じに対応できるか、スタートに当たり、念入りに現地調査がなされたようです。

その結果、1日に最大80人の輸送実績を確保できており、通常でも非常に多くの利用がありますが、比較的低廉な運賃での運行で、1台で同時には最大8人しか運べないので、運賃収入だけでの運営は不可能であり、足りない部分は協賛金などでカバーしているそうです。

「のるーと」のデマンド対応の配車システムは、ネクスト・モビリティ㈱が担当し、同社では運行実績の詳細データを分析し、改良に向けての検討を実施しています。壱岐南地区では1台の運行ですが、他所では複数台の運行の事例もあり、台数が増えることでより効率的な運行も可能になっているようです。

デマンド乗合交通では、普通のタクシーと違って、乗り合う（相乗り）ことが可能で、それをうまく多く実施できるかで、利用者数の増加、それによる事業性の向上につながります。しかしながら、目的地の異なる利用者をうまく乗り合うようにするには工夫が必要で、あまり遠回りになると利用者の受容性が下がりますし、遠回りを避けて予約を断ってしまうと、それも利用者の受容性低下につながります。タクシーはそのお客さん専用となるので、高い運賃をいただいて、目的地に直行しますが、デマンド乗合交通は、文字どおり乗合であり、バスとタクシーの間に位置付けられるものであり、タクシーより運賃が安い分、他の人との相乗り、それによる多少の遠回りを許容してもらわないと成り立たないものになります。これまでのデマンド乗合交通は、比較的利用者の少ない所だとタクシー並みの個別輸送で実施されているケースが多く、また利用が増えると、予約がなかなか取れないという指摘がよく聞かれます。車両数を増やせば地域内の色々なエリアで同時に車両が走っていることになり、それで事業が回るくらい利用者が多くなるとよいわけであり、その辺がどういう形で釣り合うのかが重要になってきます。

なお、福岡のアイランドシティエリアの「のるーと（**資料11**）」を見ると、並行して一般路線バスの路線があり、それなりの本数のバスが走っているにも関わらず、複数台の「のるーと」がお客さんを乗せて走り回っています。人口の多い所では、移動に対する多様なニーズがあり、路線バスで時間をかけて安く行くより、「のるーと」に乗って多少費用は高くなってもより早く目的地に到達することが受け入れられている様子が伺えます。

資料11　アイランドシティの「のるーと」

デマンド交通の好事例：定額制のトライアル

郡山観光交通㈱の山口松之進社長は、福島大の吉田樹准教授の協力を得て、タクシーに新しい要素を入れて新たなビジネスとして事業を広げられないかと考え、定額で乗り放題のタクシーを検討してきています。タクシーの定額乗り放題、すなわち定期券を発行するものとしてはJTBが福岡市で「JTBジェロンタクシー」という実証実験を行っていました。旅行業の企画旅行という位置付けで、タクシーを定額で乗り放題としたもので、あらかじめ登録した2地点間を、1か月3万円程度で何度でも利用ができるものとし、JTBから地元のタクシー事業者に委託の形で運行されました。利用者はさほど多くなかったようですが、利用した人からは喜ばれ、特に通院の頻度が高い透析患者はかなりの回数の利用をしたそうです。しかし事業としての継続性には難があり、他所での実証も行われましたが、定着するに至りませんでした。そこで郡山観光交通㈱では、定期券と回数券を用意し、定期券は安積町内で使えるものと郡山市内で使えるもの、2つを設定。トヨタ・モビリティ基金の助成事業として、新たな実証実験「定額タクシーヤマグチくん」を始めました。1万円の地区内定期券や、1回1,100円くらいの回数券を販売し、結果、かなりの手ごたえを得ました。また、月額3万3,000円の市内全域定期券は、利用者は少数ですが、年間を通じて購入するケースもあり、喜ばれたようです。回数券は比較的安くタクシーに乗れるという点で、また定期券は定額を払ったからにはたくさん乗ろうという意識が働くため、利用者は喜んで乗ってくれ、外出回数が増えたそうです。興味深いデータとしては、定期券も回数券も、もしタクシーメーターを回していたら請求される費用との対比で、ほぼ1/2であったということ。これは利用者にとっては、タクシーを通常の半額で利用できたということで、それなら喜んでタクシーを利用することが増えると考えられます。タク

資料12　郡山観光交通の「ヤマグチくん」　撮影：運輸総合研究所

シー事業者にとっては、常に２人の旅客を運ぶようにできればこれまでと同様の収益を得ることができるということで、うまく乗り合うことができればそれが達成できます。運賃が半額で、倍の利用があれば、利用者にも事業者にもありがたいモビリティサービスになると考えられます。これまでのデマンド乗合交通での定期券あるいはサブスクリプションとしては、数千円から１万円程度で、2〜3㎞の域内というものが多いですが、この福島県郡山市の事例で月額3万3,000円払って市内全域に行けるというプランも利用があり、喜んで使ってもらったという実績は、マイカーの維持費との関係で、月額数万円というモビリティシステムの受容性が見いだせそうな手ごたえを感じることができます。

デマンド交通の好事例：過疎地域でのフルデマンド交通

中山間地域、いわゆる過疎地域での好事例として、岡山県久米南町の「カッピーのりあい号」（**資料13**）があります。過疎地域だと、人口密度が低いので、デマンド交通をフルデマンドで実施すると個別輸送になりがちで、それだとタクシー並みのサービスを低廉な運賃で提供することになり、利用者は喜びますが、多額の補助金を入れないと

資料13　過疎地域のデマンド交通：「カッピーのりあい号」

回らない運行になってしまうことが多いです。なるべく相乗りが発生するように、時刻と大まかな方向を決めて、セミデマンド型で実施する事例（例えば富山県朝日町の「ノッカルあさひまち」）が多く見られますが、久米南町では、色々な経緯を踏まえて、全域フルデマンド型を実装することを選択しました。

同町では、昔はコミュニティバスを運行していましたが、利用が少なく、セミデマンド型に切り替えたという経緯があります。しかし、時刻が利用者の要望に合わないとうまく使ってもらえない状況にありました。そんな中、実装ケースが増えてきた㈱未来シェアのフルデマンド型の提案があり、トヨタ・モビリティ基金の助成事業として採択されたこともあって、フルデマンド型の実装に至りました。町としては、かなり大きな決断だったと思いますが、システム導入の初期費用が助成金で賄えたことも、背中を押してくれたようです。町内に交通事業者が皆無の時代もあったようですが、新しいデマンド型のモビリティサービス導入に向けて、岡山市のタクシー事業者が、町内に営業所を新設してサービスの担い手になることになり、話は進みました。2020年の1月からサービス導入となりましたが、ちょうどコロナの蔓延時期と重なり、出足は思うような数が出ませんでした。しかし、徐々にこのシステムの良さが浸透していき、利用者は増加傾向にあり、2022年４月には月間約1,800人の利用がありました。配車状況のデータを細かく見ると、やはり１人のデマンドに応じての運行のケースが多く、車両が足りないときには、一般のタクシー車両を応援として出すこともあります。しかしながら、利用の実態を詳しく分析すると、以前は通院とか買い物のように、必須の移動のために使っていたのがほとんどでしたが、最近では友人の家に行くとか、友人と一緒にご飯を食べに行くといった生活を楽しむための移動にも使われるようになっているようで、便利な足が確保できたことで、外出回数が増える人も多くいることがわかってきました。これは利用者のQOL向上につながり、健康増進にもつながっていると考えられます。最新のデータでは、以前に比べて費用は1.5倍くらいかかりますが、利用者数は３倍近くになっているようで、かかった費用分の医療費削減が表れたとすれば、クロスセクター効果が十分得られていると言えます。久米南町の事例では、以前は１回の利用に対しての公的補助金額が4,000円以上であったのが、フルデマンドが定着してきた今は2,000円以下に抑えられているそうです。この金額がいくらであれば適正かは地域の事情によって様々かと思いますが、以前に比べて１トリップへの補助金額を半額以下にできたというのは特筆すべきです（もちろん、利用が増えれば補助の総額は増えますが、クロスセクター効果なども加味して全体像を見るべきです）。

このように、過疎地域で全域フルデマンドを実施するのは、一見無謀とも思えますが、実績と効果は得られてきており、こういう解もありだと思わせる事例です。

狙うべきゴール

現状でもオンデマンド交通は普及してきていますが、これまでは比較的少ない台数で、どちらかというと今の移動困難者の足となり得るようなモビリティ手段の提供というふうに考えられて、運行内容を設計、そして実際に運行がなされてきました。しかし、台数が少ないと、呼んでもすぐに来てくれないという状況が発生しやすいです（利用者が極めて少なければ、いつも待ちの状態で、呼べばすぐ来るという形にできるかもしれませんが）。従って、かなり多くの台数の車両が、地域にくまなく走るような形態になる必要があります。その状態で、事業が成り立つには、多くの需要があり、常にお客さんを乗せて走っている状態を維持することが必要になります。この状態は、利用者数、車両台数とも今のデマンド交通からすると、一桁くらい上のレベルと考えられますが、これくらいにならないと、利用者も事業者も満足いくレベルのものになりません。果たして、そういうものが実現可能なのでしょうか。1日1台当たり70人くらいの乗車があれば、それなりの事業性がありそうです。そうなるには、利用者側が高めの運賃を払い、それを使い倒すことが求められます。前に記したように、今後のカーボンニュートラルに向けての動きの中で、マイカー維持費が高くなっていくと想定されます。現状のマイカー維持費、すなわち月額3～4万円程度でのサブスクリプションになり、呼べば10分程度以内ですぐに来る、また、他の人を拾うために、目的地までに多少の寄り道をしたとしても、受容できるレベルの時間で到着できるようなモビリティサービスとなれば、高騰していく維持費よりは安く、マイカー並みとは言わずともそこそこの利便性を有するものとして、受け入れられないでしょうか。

例えば、毎日、数か所に行くこととし、4回利用で、月に約120回使えば、3万6,000円かかったとしても1回300円という低廉な料金という計算になりますし、日に2回でもタクシーより安い1回500円で30日使うと3万円なので、それくらいの定額料金設定でもマイカー

資料14　8台のジャンボタクシーとミニバスで路線バス13路線をデマンド交通化した長野県茅野市の「のらざあ」

維持費がこれから高騰化していくことを考えれば、リーズナブルであるとも言えます（自分で運転しなくなることにより事故を起こすリスクはゼロになり、また行った先でお酒を飲むことができるなど、モビリティサービスを使うことによるメリットも色々あることを加味すると、マイカー運転との対比においての、長短が見えてくると思います）。

ゴール達成のメリット

こういったサービスを使うことで、マイカーの電動化が進んだときの課題となる充電の手間と時間などを気にする必要がなく、航続距離の心配もなくなります。また駐車場を探して、駐車マスに停める手間などもなくなります。運転しなくなることで、頭への刺激が減少して、認知症になるリスクが高まるという指摘がありますが、運転以外の面での社会性の維持などで、刺激を受ける生活は十分考えられるはずです。

地域の交通全体を考えても、個別にマイカーが動き回るより、モビリティサービスで相乗りが進むと、交通量が減り、渋滞になる割合も減るでしょうし、職業運転手の運転で安全性が高まるとすれば交通事故も減り、事故による渋滞なども減っていくはずです。CO_2排出量やエネルギー使用量など環境の面においても、メリットが出せるはずです。マイカー使用より利便性は多少劣るかもしれませんが、サービス利用料がマイカー維持費より安ければ、全体としてのメリットは非常に多く、そういった姿が目指すべきものになるのではないでしょうか。本書での議論のスタートは、高齢者の事故をなくすというモチベーションですが、高齢者に限らず、若者も車離れしていると言われており、そういうサービスはありがたいと感じる人は少なからずいるはずで、一定量の利用者はいると考えられます（すべての人にマイカーを止めてサービスを使えというつもりはなく、それがよいと感じてもらえる人が転換してくれればよく、費用の点で安いと感じてもらえれば雪崩を打って利用者が増えていくかもしれませんし、そのことにより、よりサービスが向上していくとよいと考えています）。

遠いゴールとしては、そういうモビリティサービスが無人のロボットタクシーで運行されるようになっていくことが想定されますが、当面、少なくとも10～20年は、有人のモビリティサービスとしての運行がメインと考えられます。

利用者の立場から考えると、以上のような考察ができますが、運行事業者側から考えるとどうでしょうか。今の公共交通は、大都市部を除いて、黒字で運行できているものは少なく、何らかの補助で動いているものがほとんどです。また、大都市部も含めて、ドライバー不足が顕著であり、それによる減便や路線廃止が相次いでいます。人口が減り、特に就業人口が顕著に減ってきている中で、労働者の確保は、どの分野でも四苦八苦しています。特に交通事業のドライバーは、仕事がきつく、待遇がよくないと言われることもあり、なり手が少ないようです。事業そのものが収益性の面で厳しいと、なかなか従業員の給与を上げられないと言われますが、こういった新しいモビリティ

資料15　ロボットタクシーの将来形（クルーズオリジン）

サービスの導入時に、思い切って待遇改善が図れないでしょうか。人口が減るので、担い手は引く手あまたで奪い合いですが、移動・交通は人々の生活のための必須のインフラであるので、コスト構造や会社経営、それから公的補助などを全面的に見直して、必要な策を講じていくことが望まれます。車がこれだけ多く走っているのですから、潜在的なドライバー数はそれなりに多くいるわけであり、雇用形態や待遇などをうまく設計することで、新しいモビリティサービスの担い手を増やしていくことを考えていけるとよいと思います。こういう流れが、交通事業そのものの再構築となればよいですし、それに向けて行政も国民も前向きにサポートしていく形ができるとよいです。バスでもタクシーでも、道路運送法やそれに基づく事業モデルは、経済が右肩上がりで多くの人を速く運べば儲かるという昭和の時代のビジネスモデルのままと言えます。平成の30年間は、交通事業者は減っていく旅客需要に対して経費の切り詰めで何とか頑張ってきましたが、事業は厳しくなる一方で、ドライバーの待遇も改善されてきませんでした。今は令和の時代で、モビリティ全般に対してCASE対応が進み、100年に一度の革命時期にあるとも言われています。過去の延長線上で考えるのではなく、次世代に通用するようなものを構築すべく皆で努力することが求められているのではないでしょうか。

サービスの位置付け

ゴールの議論の最後に、法的位置付けを考えてみます。地域公共交通の中の道路交通は、これまでバスとタクシーに分かれ、バスは乗合バスと貸切バスに分かれています。一般の路線バスは道路運送法の4条（一般旅客自動車運送事業の許可）で運行される定時定路線型です。20年くらい前から普及が始まったデマンド交通は、当初同法21条2号の一般貸切の例外規定としての運行でしたが、2006年から区域運行というカテゴリーが導入され、路線がフレキシブルになる乗合運行が認められました。タクシーは基本は乗用で、距離を主体に時間も併用する運賃での運行が一般的ですが、時間貸しもあります。最近はダウンサイジングで乗合タクシーも増えてきていますが、これはタクシー車両を使った乗合バスとも言えます。タクシーはセダン型5人乗りからジャンボタクシー10人乗りが標準です。一方、路線バスは14人乗りのハイエース等、20～29人乗りのマイクロバス、30~40人程度の小型バス、50～60人程度の中型バス、70人程度以上の大型バスに分類されます。車両の面でみると、同じ大きさのハイエースでも、10人乗りのジャンボタクシーは3ナンバー、14人乗りのコミューターは2ナンバーで車両仕様に求められる要件が異なり、また運転者の免許要件も異なります（これを、事業用は14人乗りまで3ナンバーとして普通二種免許で乗れるようにできれば、この方面の景色が変わってくるのではないかといった考えもあります（資料16、17））。

こういったところが現状ですが、将来を考えて、新しいモビリティサービスが大きな役割を担う形になると、バスとタクシーの法的定義が今のままでよいのかといったところも議論すべきと考えられますし、車両の面でも、国際的な基準調和を考えると、見直していくべきと思われます。

例えば、交通としては、乗合か貸切かの2分類でよく、それぞれに対して車の大きさにより、いくつかの小分類がある感じではいかがでしょうか。乗合は、定時定路線と区域運行に分かれますが、貸切はタクシーも貸切バスもひとくくりの考え方で十分です。これまでのバス会社とタクシー会社を合わせて交通プロバイダーという位置付けになり、新しいモビリティサービスもこのプロバイダーが提供するものとなります。人口が減っていく中で、バスとタクシーを明確に区分する

資料16　2ナンバーの14人乗りハイエース コミュータ

資料17　3ナンバーの10人乗りハイエースワゴン（大きさは14人乗りと同一）

理由は見当たりません。業界を再編し、新しい参入も可能にするような形で、モビリティサービスの提供事業者を考えていければと思います。

地域類型

未来のモビリティサービスのゴールと、そこにおける利用者像、運行側の姿を示してきましたが、さらに地域の類型ごとに、もう少し細かく見ていくことにしましょう。

大都市中心部

資料18　大都市中心部の例：港区。鉄道やバス路線が張り巡らされているが、駅やバス停まで距離があるような住宅地がある。　出典：国土地理院撮影の空中写真（一部加工）

大都市では鉄道やバスの路線が張り巡らされていて、今でもタクシーがたくさん走っています。タクシーは、東京では1㎞以内であれば500円と比較的低廉な運賃で利用できますが、2~3㎞乗るとすぐに

1,000円以上かかってしまいます。鉄道やバス網が発達していても、駅やバス停までが遠くて歩けないという人は少なからずいて、タクシー並みの利便性でバス並みの運賃という新しいモビリティサービスは、多くの利用者が見込めます。今のタクシーの何割かが、昼間の間、モビリティサービスで運行するような形態を想定してみると、たくさん走っているので、あまり待たずに乗車できます。先客がいたり、次のデマンドにより、目的地に直行するわけではないですが、概ね同じ方向の客ばかりであれば、時間のロスは少なく目的地に到着することが期待できます。料金がタクシーの半額以下であれば、多少の遠回りは受容されるでしょう（すぐに乗って直行したければ、アプリでタクシーを呼んで、高い運賃を払えばよいのです)。

運行側から見ると、東京のタクシーは1日1車5万円くらい稼ぎますが、その大部分は夜の比較的長い距離で収益を得ているので、昼間の時間帯であれば、その半分くらいの収益があればよいと考えられます。10時間くらいで80人くらいの乗客が利用すれば、月額の料金を回数で割って300～500円くらいだとすると、3～4万円の稼ぎとなります。現状のタクシーは実車率が半分以下ですので、これを大幅アップできれば、料金が安くても、収益は十分上げられます。運転手の給与体系は歩合制から変える必要がありますが、配車システムで、大量の需要を大量の車両数で効率的に配車・運行することができれば、大都市の数㎞までの移動ニーズには十分応えられると考えられます。現状のタクシーの多くは乗客定員4人程度ですが、デマンド乗合となると、6人程度の乗客を乗せられるミニバンか、9人まで乗せられるハイエースクラスが必要になるかと思います。需要が多い区間では、台数を増やすか、むしろバスでの運行が適することもあるかもしれません。

東京23区の公共交通の歴史を振り返ってみますと、鉄道はJR山手線を除いて放射状に整備されていて、中心部は都電がきめ細かく走っていました。それが昭和40年代になり、路面電車は道路空間上で邪魔だという話になり、都バスに転換され、荒川線以外はなくなりました。その後、地下鉄網の整備が進み、そのたびに路線バスは大幅な廃止になってきました。しかしながら、鉄道駅の位置の間隔は長く、バスが担ってきた地域密着型の乗り物は必要とのことで、各区がコミュニティバスを始めて、きめ細かく乗客を拾う形になりました。都内の路線バスやコミュニティバスは、特に昼間はシルバーパス利用者であふれていて、高齢者人口の多さを感じますが、高齢者のさらなる高齢化により、バス停までの徒歩がつらい人も増えてくるはずです。そういったニーズに応えるものとして、デマンド型のモビリティサービスへの期待があります。

都市近郊部

資料19　都市近郊部の例：たまプラーザ。駅から少し離れた所に大規模団地や一戸建ての住宅地が広がる。
出典：国土地理院撮影の空中写真（一部加工）

都市近郊部では、鉄道駅から数kmまでの所に住宅団地が広がっているケースを考えると、鉄道駅で鉄道に乗り換える、あるいは鉄道駅周辺の店舗等での買い物など、個々の住宅から鉄道駅までのバス利用が多いと予想されます。通勤通学利用が多い時は、路線バスが頻繁に走りますが、少子高齢化によりそうした需要が少なくなると減便になります。高齢者にとってはバス停までが遠くて歩けないという声も出てくると思われ、タクシーに近い利便性の新しいモビリティサービスはありがたいと受け止められると考えられます。またこういう都市近郊部でも、駅周辺とは違ったエリアに、街道沿いの大規模店舗があることも多く見られます。ショッピングセンター自体が送迎バスを運行していることもありますが、乗車できる場所までの移動が必要で、自宅近くから目的地へ行けるモビリティサービスの需要はかなりあるでしょう。このように、都市近郊部でも利用者側のニーズに応えられるサービスの提供が求められます。運行側を考えると、大都市中心部に比べると車両の台数は十分ではないかもしれません。でも、これだけのニーズがあり収益性が見込めるのであれば、積極的に台数増をしていけばよいのです。1日1車80人の乗車が期待でき、昼の10時間で３～４万円くらい稼げるのであれば、十分事業性があるので、ドライバーの待遇をよくして求人すればまだまだ人の確保ができると考えられます。ラッシュ時は乗合バスで運行し、昼間はデマンドバスとなるようなフレキシブルな運行で最大限の輸送能力を得ていくこともありだと思います。

多摩ニュータウンや多摩田園都市では、鉄道駅からやや離れた所に団地が整備され、人口規模が多いため、高度成長期には通勤通学用の団地輸送の路線バスが、ラッシュ時には２～５分間隔で走っていました。それが入居者の高齢化と子世代の転出などで利用が少なくなると減便されてきました。もはやオールドニュータウンとも言われ、昭和の時代には歩行空間と道路空間を分けて綺麗に整備されていたものが、徒歩能力が低い高齢者は長い距離を歩けず、バスを使うとなるとバス停までの高低差のある移動が必要になったりして、外出が億劫になってしまうことも多いようです。住戸に近い所まで届くモビリティサービスがあり、タクシーより低廉な運賃で利用できれば、外出をもっとしてみようという気分になるかもしれません。

地方都市

資料20　地方都市の例：福井市。駅周辺は人口密集だが、2㎞程度離れると田園風景が広がる
出典：国土地理院撮影の空中写真（一部加工）

地方都市では、大きな鉄道駅の周辺と少し離れた所で事情が異なりますが、いずれも大都市に比べると人口密度が低いこと、生活圏の広がりが大きいことが違いとなると考えられます。大きな鉄道駅の周辺では都市近郊部に比較的近いですが、人口密度が低いことで、潜在的な利用者数も少し割り引いて考えて、1日1車50人くらいが目指すべきラインとします。地方都市だと、行き先が鉄道駅と街道沿いの大型店舗、

医療機関などが主たるものになると考えられます。地域の特性や既存の公共交通の状況にもよりますが、特に大きな鉄道駅がある場合を除いて、タクシーの台数はそんなに多くないと考えられ、新しいモビリティサービスを定着させるには、ドライバーの確保による車両数の大幅増を実現することが必須になると思われます。この辺は発想の転換というか大規模な変革が必要なので、そう簡単にいくとは思えませんが、マイカー維持費高騰からくる転換層をうまく取り込むような戦略がほしいところです。利用者数が都市近郊部に比べて少ないとなると、利用運賃だけでの事業性維持は厳しいかもしれません。しかし、マイカーによる事故の低減、高齢者の健康維持のためのモビリティといったメリットを考えると、公的財源を多少つぎ込んでも実現する意義は大きくあると思われます。既存の公共交通だと、少ない利用者数のところへ公的財源を投入するので、１人当たりの移動に投入する金額に換算すると、非常に大きな額になってしまうかもしれませんが、新しいモビリティサービスでは、利用者数は桁違いに多い所を目指しますので、１人当たりの移動に投入する金額は低く抑えられるはずです。地方では、マイカーへの過度の依存状態になっており、そのうち、一定程度がモビリティサービスへ転換できれば、地域の風景が変わってくると考えられます。カーボンニュートラルに向かうCO_2低減に関しても、マイカーからの転換が進めば、その効果により進捗が早まるとも言えましょう。

地方都市でも鉄道駅や中心部から少し離れると、居住地が拡散するようになり、人口密度も低く、利用者数も少ないので、公的財源を投入しないと事業としては成立しないと思われます。従って、運賃やサービスの利便性などを、よく考える必要があります。利便性がよくないとマイカーからの転換が進みにくくなるでしょうし、利便性を都市部並みに上げると経費がかかり過ぎるようになってしまいます。面的な広がりから、5〜10㎞まで走るような設定をしつつ、まったくのオンデマンド性によるフルデマンド運行は厳しそうなので、需要が束となるような予約配車システムが必要になると考えられます。もちろん利便性の提供レベルは運賃によって色々用意すればよく、タクシー並みの利便性であれば高い運賃（それでもサブスクなどでタクシーより割安感を出す必要はあります）を払ってもらい、そうでなければバス並みの低廉な運賃でそれなりの利便性にとどめます。こういったことを踏まえて、総合的な運行システムの設計をしていくことになりますが、地域特性によって正解は一つではないと思われ、地域の事情をよくよく知った上で、検討していくべきだと考えます。面的な広がりがある場合には、車両をうまく分散させて、中心部に近い所も、周辺部でも、車両の稼働位置が偏らないようにしていく必要があります。その辺の工夫は、事前にシミュレーションなどで検討して対処していくべきです。

過疎地域

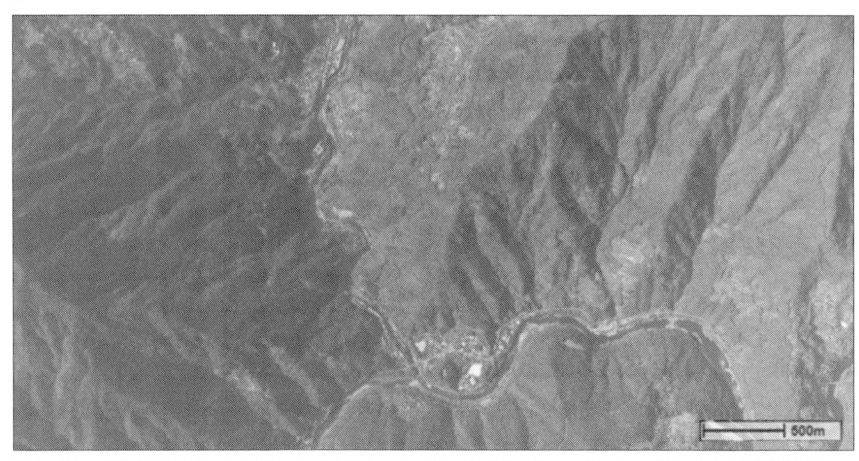

資料21　過疎地域の例：仁淀川町。旧町村の中心部には住居が多いが、周辺部にも小規模集落がたくさんある

出典：国土地理院撮影の空中写真（一部加工）

過疎地域では、人口減少と高齢化が既に進んでいて、モビリティサービスでは採算性は議論できず、公的補助が必須になると考えられます。そういった地域では、モビリティの議論の前に、地域そのものの持続性をまちづくりの観点で考える必要があります。人口が減るということは、医療・介護や店舗などの生活支援のサービスの利用者が減るということで、そういった事業そのものの存続が厳しくなる場面も出てきます。サービスを提供する範囲を広げれば、在宅サービスや通院・通所等のサービスも、利用者数は確保できるのかもしれませんが、面的な広がりがさらに広くなるということで、移動にかかる時間が増えます。従って、在宅サービスだと限られた時間にサービスが提供できる数が減ってきて、それによる収益減で事業性の悪化が見込まれます。カバーできる面的な広がりには限界があり、その中での利用者数が一定限度を割ってしまうと事業の成立性が損なわれます。人口が減っても、小さな拠点のような所に、ある程度の住居の集約化がなされれば、点在する住居を個々に回っていくことに比べて、効率性は増すと考えられ、事業維持にプラスに働きます。住民同士も、バラバラに住んでいて移動しにくいと、孤立感が高まっていきますが、小さな拠点に集住することになれば、顔を合わせる機会も増え、コミュニケーションが促進され、フレイル化や認知症に対するリスクが軽減されると考えられます。そういう感じで小さな拠点が形成され、ある程度の集約化がなされると、モビリティサービスの設計もやりやすくなります。需要がまとまりやすくなり、経路も同一方向へ束になると、相乗りが促進することで、運行効率が高まります。そうなると、元々の人口密度は極めて低くても、運行はしやすくなり、利用者にとっても顔見知りと一緒に行動することで話も弾み、外出することが楽しくなると考えられます。従って、利用者の数そのものは比較的低水準ですが、うまく運行することで、費用を比較的抑えめにできる可能性があり、それなりの公的補助は必須ですが、費用対効果の意味でも良い形になっていきます。しかしながら、人口が少ないということは、モビリティサービスの担い手も少ないということであり、ドライバー確保は苦労しそうです。また運行頻度も多くないと、せっかく確保できたドライバーも手持無沙汰になってしまうかもしれません。でも、そういう地域では、運転以外にも色々なサービスを提供するために担い手が必要なはずであり、色々な仕事をマルチタスクで行うことにより地域に大きな貢献をすることになります。そういう人は、地域の人々から感謝される存在になり、生きがいを感じて仕事に取り組んでもらえると思います。人口が少なくなっても、地域がそのような形で回り、地域の人、皆さんが幸福感を感じるようになれば、魅力のある地域と外から見られ、移住してくる人も出てくるかもしれません。目ざましい発展は無理だとしても、ある程度縮小した形で均衡して持続する姿が描けるとよいと思いませんか。

資料22　小さな拠点の例：兵庫県養父市関宮（出典：養父市資料）

05 今後に向けてのビジョン

移動困窮社会にならないために

第1部では、移動困窮社会にならないために、移動手段を持続的に確保することを目指して、新しいモビリティサービスの展開を主軸に諸々の点について記してきました。そこでこれからは、繰り返しになる部分もありますが、今後に向けてのビジョンをまとめていきたいと思います。

モビリティの確保

まず、すべての人が自由に移動ができるということ、モビリティの確保は、人々の生活の基盤として整えられるべき事柄であり、それが適正と考えられる負担のもとで実現されていることが重要です。移動にはそれなりの費用がかかるので、無制限に低負担ですべて提供というのは困難なのかもしれませんが、生活のためのインフラという考え方で、最低限のレベルは保障されるべきと考えられます。

そして、その移動には、自力で動くことと、乗せてもらうことがあり、後者を公共のインフラと考えたものが公共交通ですが、全国津々浦々でバスなどの公共交通をくまなく整備することは困難です。マイカーの利便性により、特に地方でマイカーへの過度の依存が進み、公共交通が廃れてきたという歴史的経緯があります。マイカーが自由に問題なく運転できるときはよいですが、加齢により運転が困難になる、マイカー所有の維持費が十分出せなくなるといったケースには、マイカーに代わるモビリティ手段が必要になります。

しかしながら、今の公共交通の利便性では、マイカーからの転換は困難で、高齢期になってもマイカー運転にしがみついて、事故のリスクが高まってしまいます。そのような状況が続いていましたが、最近はオンデマンド交通が使われ始めてきて、それの活用で状況は変わってきそうになっています。

サービスの充実とそれの使用

マイカーの利便性は、自宅から行きたいところへ自由に行けるというものです。タクシーを使えば、マイカーと同等の利便性を得ることができますが、費用は高額です。バスだと運賃は安いですが、適当な路線があるかどうか、あってもそれなりの便数が走っているかどうか、またバス停までの距離が遠いと使えない、といった課題があります。一方、バスとタクシーの間に位置するようなオンデマンドの乗合交通は、タクシー並みの利便性を比較的低廉な料金で使うことができます。こういったモビリティサービスが充実してくれば、運転からサービスの使用への転換が期待できます。

昔のデマンド乗合交通は、概ねの時刻が決まっていて、リクエストがあれば運行するというもので、バス停相当のものの数は少なく、そこまで歩いていかないといけない、また相当前から予約をしておかないといけないといった面から、便利とは言い難いものでした。ところが最近では、予約したらすぐに配車、また自宅近くまで来てくれて目的地まで行けるといった、オンデマンド性を高めた全域フルデマンドのものも登場してきました。これだとタクシー並みの利便性があり、マイカーからの転換の受け皿になり得るものと考えられます。

資料23　定額乗り放題の例（mobi）

費用の考え方

最近のデマンド乗合交通は、バスとタクシーの間の位置付けで、1回300円とか500円で数km先の目的地に行ける、というものが多いようです（福祉的位置付けで、市民は100円としたものや、少し長い距離で700円といったものもあります）。このような都度払いの他、定期券として1か月1万円としたものや、5,000円の定額乗り放題というのを前面に打ち出したものも出てきました。これらだと、20～30回乗ればバス並みの運賃になるので、毎日のように出かける人にとっては安くて便利な乗り物になるでしょう。このような定額制にすれば、より多く乗って元を取ろうという心理が働き、結果的に外出回数が増えて、健康増進などに寄与することにもつながります。

一方で、現状のデマンド乗合交通では、少ない利用者を想定してのシステム設計だと、個別輸送ばかりになってしまいます。その状態で利用が増えると経費はそれにつれて上がってしまうので、もっと相乗りが発生して効率よい運行ができないかということになります。しかし少ない台数で動かすと、相乗りが発生しにくく、また予約配車が困難なケースが多発しがちです。運行台数を増やせば、予約配車をお断りすることは少なくなりますが、経費は増大傾向です。

大きな発想の転換

需要と供給の関係は、現状のデマンド乗合交通では、少ない需要を少ない台数で回そうとしていますが、大きく発想を転換して、例えば10倍くらいの台数で20〜30倍くらいの需要をカバーさせるというマッチングを考えるとどうでしょうか。10倍くらいの台数の車両が動いていれば、その地域のどこでも、近くに車両がいるという形になり、お断りせずにお乗せするということがしやすくなります。また10倍以上の需要となれば、同様の方向へ向かう人が束になりやすくなるでしょう。こういったことで、運行の効率が上がれば、より使われる、より使いやすいモビリティサービスになっていくことが期待できそうです。

このようなレベルで需要と供給がマッチできるかについて、いくつかの仮定を設けて、事業性の検討を簡易シミュレーションで実施したところ、人口密度が高い所での設定では、採算ベースで回せる可能性があることが示されています。

フィージビリティのさらなる検討

実際にランダムに需要が発生した際に、うまく配車ができるか、利用者の目的地まであまり遠回りせずに送り届けることができるか、その遠回りの限度の設定次第で特定の需要に対する必要台数などが決まってくると考えられ、その辺については詳細にシミュレーション等の検討を行ってみる必要があります。また、設定料金と利便性の間にも、おそらく、複数のパターンを設定することにより多様な利用者の

資料24　バス事業者が運行するデマンド交通の例

要望に合わせる必要があると考えられ、そこにおいても詳細にシミュレーション検討を行うべきでしょう。このように、フィージビリティ（実現可能性）については、さらなる検討が必要です。

運行側でのフィージビリティが得られても、実際には利用者に使ってもらわないと意味がありません。特にマイカーからの転換は、行動変容を求めるものになりますので、そう簡単ではないと考えています。マイカーより利便性は下がりますが、マイカー維持より安く済むとか、新しいモビリティサービス利用により、自分の運転での事故のリスクがなくなるといったメリットを十分認識していただければ、転換は進むと考えていますが、実際の人間の心理は様々であるため、実証実験等により十分検証していく必要があります。

今すぐにやるべきこと

運輸総合研究所で行った議論をまとめている第2部では、新しいモビリティサービスを拡充させて、しっかり使っていこうという流れについて、基本的なコンセプトの整理と簡易シミュレーションによる検証を実施してきたことを示しますが、これを本格的に実現していくには、色々なことをやっていく必要があります。ざっと考えて、以下のとおりです。

・サービスの可能性とそれの受容性の検討
・インフラが整っている所での実証・論点の検証
・人口規模など地域特性に応じたアクションプランの作成と実行

簡易シミュレーションでは、あくまでも簡易的にフィージビリティを模索したものであるので、細かな予約・配車についての十分な検討はできていません。従って、詳細モデルをつくり、それによるシミュレーション検討を進め、多くの予約について的確な配車が可能かどうかを調べていく必要があります。また、そのような配車・運行がなされた際に、利用者に満足して使ってもらえるかといった受容性の検討も行うべきです。そういった検討により、運行システム設計におけるパラメータ設定などによって、どのような配車がなされ、どのように利用されるかについての手ごたえが、具体的に見えてくると思われます。

さらに、そのような机上検討の結果を踏まえて、実証実験を行うフェーズに進行します。一からシステムを構築して、大規模な実証を行うことはハードルが高いので、まずは、フルデマンドの運行ができている地域で、利用者を格段に増やし、配車できる車両数を増やして、というフィージビリティのチェックができるとよいです。

モビリティとまちづくり

モビリティは人の生活基盤として重要であることは当然のことですが、あくまでも移動の手段であり、そのモビリティを使って行く目的、すなわち行き先があり、そこへ行くことで何らかのことを達成することが大切です。その意味においては、広い意味のまちづくりとモビリ

資料25　離島における軽自動車の乗合バス

ティは連携しているとも言えます。

モビリティそのものは個々の人にとっての足の話となりますが、まちづくりを考えると多様な多くの人にとってのものとして考えていく必要があります。どんなまちが良いのか、それは個々人の多様性から答えは一つとは言えないでしょうが、世間から切り離されて孤独を求める人でなければ、人が交わって賑わいのあるまちが支持されるものと考えられます。人口規模、人口密度にもよりますが、まちは核となるところを中心としたある塊で構成されるものととらえると、イメージしやすいかもしれません。その塊の内部での移動、隣の塊との間を結ぶ移動、そういった観点でモビリティを考えると、まちづくりとモビリティの関係が整理されると思われます。例えば、徒歩圏内の数百m、自転車などの近隣移動手段やモビリティサービスによる1〜2㎞程度、バスやタクシーなどによる2〜5㎞程度、バスによる5〜10㎞程度、それ以上の鉄道による長距離移動、といった感じに移動を分類し、まちの姿や人々の生活スタイルに合わせてみると、イメージしやすいでしょう。もちろん大都市中心部や都市近郊部であれば比較的近距離の移動が日常生活としては多く、地方都市ではもっと長い距離の移動が多くなると考えられます。そこで、移動には費用と時間がかかることを考えると、まちのつくりをどのようにするのが望ましいのか、その辺に対する答えが見えてくるように思われます。

人口縮小社会におけるまちづくりとは

日本では少子高齢化が進み、人口減少が顕著になっていきます。そういう人口縮小社会において、どのようなまちづくりがよいのか、そこにおいてモビリティの姿はどのようになっているのがよいのか、その辺をきっちり議論して、目指すべき姿に向かって、諸々を変えていく必要があると考えられます。今のままの延長線でよいと考えてしまいがちかもしれませんが、そういうアクションを起こさないと、気づいた時には人口が激減して、サービスが事業性悪化でどんどん撤退し、手遅れになってしまうことが危惧されます。

国家的な取組として、少子化対策を進めようとしていますが、それが人口や人口構成に対して大きく効果が見えてくるまでには時間がかかります。従って、この人口減少の傾向は当面続くと考えて、手遅れにならないように手を打っていくべきです。

日々暮らしていると、あまり変化は感じないかもしれませんが、10年前と今を比べると、人口は明らかに減っている地域がほとんどです。その減少の割合を数字で見ると驚かれるかもしれません。そして、そのスピードで今後も人口減が進むと、10年20年でさらに驚くべき姿になっているはずです。

そういうデータを見て、何をやっても改善は無理と諦めの境地になるか、あるいは何とか頑張って少しでも良い方向へ改善できないかと考えるか、それは人それぞれです。しかし、人口の減少が避けられないのなら、それに応じた縮小した社会を構築し、それが持続性のあるものになるようにすること、人々が幸せに暮らせるような形にしてい

資料26　まちに溶け込んでシビックプライドとなった自動運転バス

くことが、一つの答えであると言えます。

コンパクト・プラス・ネットワークの実現

人口縮小社会の中で、まちづくりとモビリティに関する一つのコンセプトとして国土交通省が提唱しているものが、コンパクト・プラス・ネットワークです。高度経済成長・人口増大社会において広がっていったまちを、今後の人口減少を想定して、中心部に集約するというコンパクトシティの構想が一時提唱されましたが、里山を捨ててすべて中心部に集めるということは反対意見も多く、いくつかのトライはされましたが、結局うまくいきませんでした。そこで、周辺部の里山などは、多少の集約化を図った小さな拠点として残し、そういった拠点と中心部をネットワークで結ぶというコンパクト・プラス・ネットワークという概念に移行しました。里山の集落のコミュニティは維持しつつ、小さな拠点をつくり、マイカーが使えない移動困難者等はその拠点周辺に住むことで、徒歩と交通のネットワークを使って日常生活をうまく送れるようにできると考えられます。そこでは、小さな拠点の近傍への住まいの移動が必要となりますが、顔が見える関係を維持することができ、コミュニティを残した形での多少の集約化となります。ただ、この小さな拠点が、どういう機能を有して、どれくらいの人口規模までのサービス等を実現していけばよいか、まだまだうまくいった具体例が乏しく、交通ネットワークの部分も含め、先進モデルとしての事例が十分あるわけでなく、今後色々な所でのトライアルにより望ましい姿が見えてくるように思われます。

皆が自分事として考えるまちづくり

これまでは、公共交通は交通事業者任せ、まちづくりは行政任せという形が多かったと思いますが、今後を考えると、受け身でサービスを施してくれることを待っているのでは、良い未来を描けそうにありません。確実に進む人口減少は色々な意味で人々の生活にインパクトを与えます。その地域の将来像を皆で考えて、望ましい姿を描いて、それに向かって協力し合っていくことが必要になってくると考えられます。サービスを待つのではなく、各人がどのように地域貢献をすれば、どんな姿が描けるのか、担い手をどのようにしていけば、良いまちがつくれるのか、そういう面からの検討が進むことが期待されます。自分だけが良ければよいのではなく、地域全体が良い形になるにはどうしたらよいのか、そういう視点での議論が進むようにしていきたいです。もちろん、人それぞれの得意・不得意分野があるでしょうから、何かを誰かに押し付けるのではなく、自分ができることを率先して提案し、それらをつなぎ合わせていくことで、全体が構成されることが望まれます。気乗りがしないこともあるでしょうが、それを担うことで、他人から感謝されると、生きがいを感じるかもしれません。そういう相互互助の仕組みがうまく回るようになれば、そのまちの人々が生き生きと暮らせるようになります。その様子を魅力的に感じ、移住してくる人も増えるかもしれません。総人口が減る中では、うまくいく勝ち組とそうでない負け組に分かれていくのかもしれません。何もしないで現状維持を望むだけでは、負け組になってしまう可能性が大です。それぞれの地域が、特色を生かし、一定規模で持続性のあるまちづくりをすることが望まれ、そのようなまちではモビリティの確保もなされていくことが期待されます。

第2部

高齢者等の移動手段
確保に向けた
運輸総合研究所における取組

震災被災地でのオンデマンド交通（なみえスマートモビリティ）

序　はじめに

運輸総合研究所は、我が国の産官学の支援のもと、独立した非営利の研究機関として1968年に設立以来、50年以上の長きにわたり、「学術研究と実務的要請の橋渡し」という理念に立脚し、交通運輸および観光分野の現在および将来の諸課題について、「世の中の役に立つ」「使いものになる」研究成果や政策提言に結実させるべく取り組んでいます。

この第2部では、運輸総合研究所における研究成果に基づき取りまとめた『高齢者等の移動手段確保方策に関する提言』、ならびにこれを受けて実施された『デマンド交通シンポジウム「高齢者等がマイカーに替えて利用できる自由度・利便性の高い移動手段を考える」』の内容を示します。

提言の部分は、運輸総合研究所に設置した「高齢者等の移動手段確保方策検討委員会（座長：鎌田実東京大学名誉教授）」において積み重ねた議論に基づくもので、簡易シミュレーションによるモビリティサービスの事業性検討なども実施しており、それらを概説しています。

シンポジウムの部分は、当日のパネルディスカッションを記録したものとなっています。そこでは、まず提言において取り上げた3つのデマンド交通事例について、その運行に直接携わっている方から取組紹介があり、その後「高齢者等の移動手段確保方策検討委員会」の委員の方々も交え、デマンド交通に関する様々な話題について議論しています。

高齢者によるマイカー運転事故の減少や高齢者等のウェルビーイングを実現するため、「マイカー所有からモビリティサービス利用への転換」に向け、今後どのような取組や施策が必要なのか、提言やシンポジウムの内容を通じて、読者の皆さんに考えていただく一助となれば幸いです。

高齢者等の移動手段確保方策に関する提言

■ 検討経緯 ■

高齢者等の移動を取り巻く環境は、現在、十分な状況とは言えません。日常生活上必要な移動がマイカー以外に手段がないことから、やむを得ずマイカーの運転を継続している場合も多く、その結果、交通事故リスクが高くなっていると思われます。こうした交通事故をなくすためには、日常生活上必要な移動について、マイカーに替わる、「マイカー運転の有する自由度・利便性を一定程度満たす」移動手段を確保し、このような移動手段への転換を図る必要があります。

以上の問題意識のもと、2021年11月に運輸総合研究所に『高齢者等の移動手段確保方策検討委員会』を設置し、鎌田実東京大学名誉教授を座長に、有識者や交通事業者団体、関係省庁から委員をお招きして、2023年3月まで検討・議論を深めてきました。そして、2023年6月に提言を取りまとめたところです。本章ではその提言の概要をご紹介します。

1．高齢者等の移動を取り巻く現状

SDGsの目標11.2には「2030年までに、脆弱な立場にある人々、女性、子ども、障害者、および高齢者（以下「高齢者等」という。）のニーズに特に配慮し、公共交通機関の拡大などを通じた交通の安全性改善により、すべての人々に、安全かつ安価で容易に利用できる、持続可能な輸送システムへのアクセスを提供する」とありますが、現状では目標を満たしているとは言い難い状況です。

高齢者等の状況

マイカーを利用している場合、高齢者は事故のリスクを伴いますが、移動が不便になることを考えるとマイカーを手放せません。

また、マイカーが利用できない高齢者等は、都市部など利便性の高い地域でなければ移動手段の確保が困難であり、バスは停留所までの移動が困難で便数も少なく、タクシーは料金が高いので頻繁には利用しづらい状況です。

女性の社会進出などのライフスタイルの変化により、これまで家族が送迎を担っていた状況に変化がみられます。

移動手段を確保しづらい状況は、高齢者の閉じこもりの原因となり、心身の健康状態を悪化させることとなります。

交通事業者等の状況

バス・タクシーは輸送人員が減少傾向にあり、ドライバー不足が深刻化しています。

バスは事業性の確保が難しく、自治体等からの補填で維持している場合が多い状況ですし、タクシーは撤退する事業者が増加しています。

これらのことから、従来の人口増加・経済成長期に構築されたビジネスモデルからの転換が必要となっています。

自治体の状況

地域公共交通の活性化および再生に関する法律の改定に伴い、地域公共交通計画の策定が努力義務化され、その他、地域の関係者との連携・協働に関する各種制度の創設・拡充が図られていることから、自治体が計画・運営・運行の役割を担う必要性が高まっています。

一方で、公共交通に関する財源や人材が不足し、制度・仕組みの活用状況に差が出てきています。

2．移動を取り巻く今後の変化

高齢者が増加する中で、その考え方や価値観は、サービス利用や経験・体験を重視するなど、変化すると想定されます。

マイカーを利用できない高齢者等の生活が不便・困難になる状況や、マイカー自体を所有できない状況が発生する可能性があります。

技術の進展によって生活のインフラおよびサービスの効率性・利便性は向上すると考えられるものの、それでは高齢者等の移動手段確保に関する根本的な解決は難しいと想定されます。

人口・高齢者像

2050年に日本の人口は約1億人に減少するとされ、高齢者人口のピークは2040年に迎える見込みです。

2050年の高齢者等は、必ずしもマイカーの所有にこだわらず、共通してICTリテラシーがあり、経験や体験を求めるなどの傾向にあると想定されます。

まち

人口減少・少子高齢化に伴い、地域によっては施設やサービスの撤退が進み、公共交通の維持も困難になってくるため、生活に係るインフラやサービスの効率性・採算性がさらに確保しづらくなり、マイカーを利用できない高齢者等は生活が不便・困難になる可能性があります。

環境

温室効果ガスの排出を全体としてゼロにする「カーボンニュートラル（脱炭素社会の実現）」が求められる中で、電動車あるいは脱炭素燃料に転換する場合にマイカーの維持費が上昇し、所有が困難になる可能性があります。

技術

ICT技術の進展によって、生活のインフラやサービスの効率性・利便性の向上が進みます。

自動運転技術は、幹線等でのサービスカーとしての普及が進む一方で、個人の所有には技術面・金額面で課題が残ります。

3．2050年の時代に即した移動手段のあるべき姿

現在の高齢者等の移動を取り巻く状況と、2050年を見据えた移動を取り巻く今後の変化を踏まえて設定した、2050年の時代に即した移動手段のあるべき姿は以下のとおりです。

前提となる社会の想定

2050年に向けて「コンパクト＋ネットワーク」、「地域包括ケア・地域共生社会」、「Society5.0」、「デジタル田園都市国家構想」を実現させるための取組が進む中で、地域の拠点形成とネットワーク化が進み、交流・コミュニティの場など人々が出かけたくなる先が創出されるとともに、必要な情報・サービスを遠地からでも調達可能な社会となっていくことが想定されます。

このような社会において、高齢者等は、ICTを活用しながら、高齢期に課題が生じやすい生活行為（社会参加・買い物・通院等）に必要となる支援等は、フィジカル空間（現実空間）とサイバー空間（仮想空間）を使い分けて調達できている可能性があります。

2050 年の社会の想定

2050年に向けた取組の方向性

コンパクト+ネットワーク　地域包括ケア・地域共生社会　Society5.0

デジタル田園都市国家構想　SDGs（持続可能な開発目標）

2050年に実現される社会（想定のひとつ）
例えば…
・地域の拠点形成とネットワーク化（コンパクト＋ネットワーク）が進行
・各種交流を図る場、コミュニティを醸成させる場など人々が出かけたくなる先が地域に存在
・ICT 技術等の活用が進み、必要な情報やサービスを遠地からでも調達可能
・地域住民の生活に不可欠なサービスをデジタル技術の活用により持続・確保　など

実現できない場合は、衰退する地域が増え、移動を含めて生活に困る・不便を感じる人々が増加する可能性あり

移動手段のあるべき姿の前提

持続可能な開発目標・SDGs目標11.2
2030 年までに、脆弱な立場にある人々、女性、子ども、障害者、および高齢者のニーズに特に配慮し、公共交通機関の拡大などを通じた交通の安全性改善により、すべての人々に、安全かつ安価で容易に利用できる、持続可能な輸送システムへのアクセスを提供する

資料１　前提となる社会

移動手段のあるべき姿

この検討委員会で検討の対象とした「高齢者等」とは、SDGsの目標 11.2において「2030年までに、脆弱な立場にある人々、女性、子ども、障害者および高齢者のニーズに特に配慮し、公共交通機関の拡大などを通じた交通の安全性改善により、すべての人々に、安全かつ安価で容易に利用できる、持続可能な輸送システムへのアクセスを提供する」とされていることを踏まえ、「脆弱な立場にある人々、女性、

子ども、障害者および高齢者」と定義しています。そして、高齢者等は、個々人の「心身の状態」や「所得」「周辺環境」などによって、状況が異なりますが、ここでは、「自分で移動する手段がない人・移動できない人」と「車以外の移動手段が十分にないため、自ら運転している人」、と大きく2つに区分しました。前者は「自ら移動する術がない・使える移動手段がない」、後者は「自ら移動する術はあるが、不安やリスクを抱えている」という状況にあると考えられます。その結果、前者については、生活に必要となる買い物や通院、人との交流が不足し、虚弱や要介護等の状態悪化が懸念されます。また、後者の運転する人については交通事故の発生などが懸念されます。

このような状況の改善に当たり、移動する術がない人には、健康に日々の生活が送れるように、「地域内および目的先までの移動を保証するベーシックな移動手段」が必要となり、また、自ら運転する人には、事故を起こすリスクを避けられるように、マイカー運転の自由度・利便性に近い移動手段により、マイカーからサービス利用に転換してもよいと思えるようにしていくことが一つの方策として考えられます。

以上のことをまとめますと、「利用者の状態・状況・ニーズに合わせて、移動が可能であること、運転しなくても生活の質を担保することができているもので、それを実現するモビリティサービスの確保によって、高齢者等は手段を選択でき、公共交通のサービス利用者が増えることで、モビリティの持続性を確保できる、という状態」を、「高齢者等の移動手段のあるべき姿」として目指すべき、と考えられます。

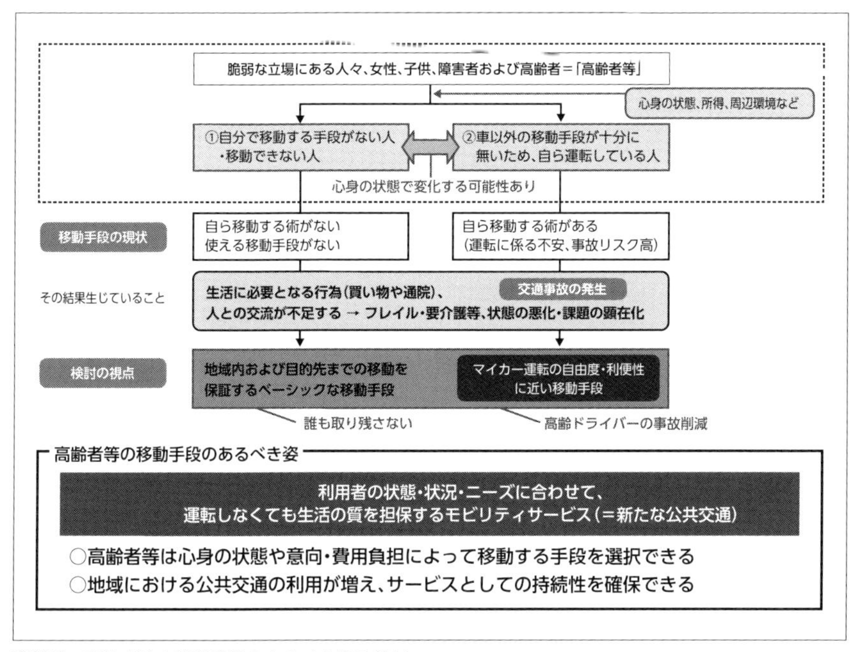

資料２　高齢者等の移動手段のあるべき姿の検討フロー

「マイカー運転の自由度・利便性に近い移動手段」への焦点化

前述の「車以外の移動手段が十分にないため、自ら運転している人」に関して、免許保有者数当たりの交通死亡事故を起こす件数を年齢層別に見ると、高齢者層の数字は極めて高くなっており、状況の改善は喫緊の課題です。高齢者の中には、日常生活上必要な移動が他の移動手段ではなし得ないことから、やむを得ずマイカー運転を継続している場合も多く、その結果、高齢者が交通事故を引き起こすリスクが高くなっている状況があるものと思われます。

免許保有者10万人当たりの死亡事故件数を年齢層別に見ると、20～79歳までは、1.80～3.80件で推移しているのに対し、80～84歳では6.77件、85歳以上は11.84件と高齢者層の数字は極めて高くなっています。

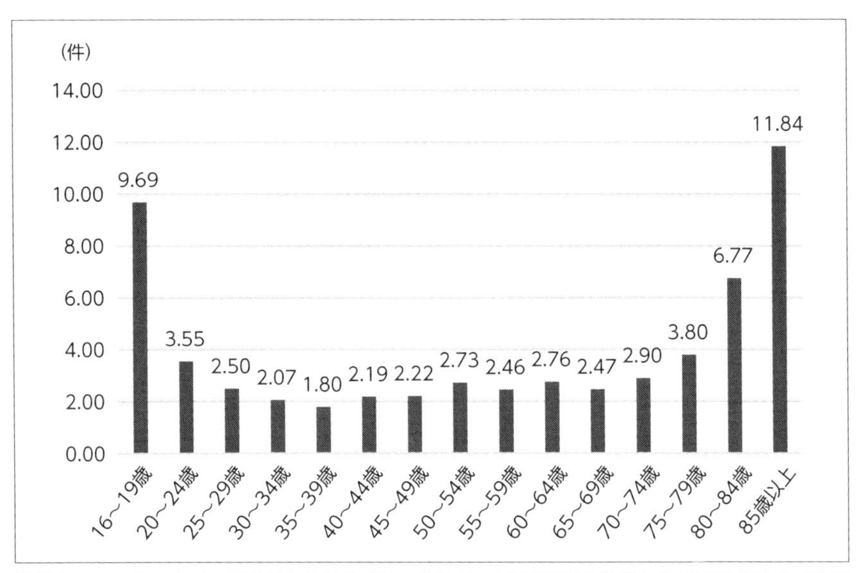

資料3　2021年における原付以上運転者（第1当事者）の年齢層別免許保有者10万人当たり死亡事故件数（出典：警察庁「道路の交通に関する統計」）

高齢者のマイカー運転による事故を減少させるためには、日常生活上必要な移動においてマイカーに替わる移動手段を確保し、当該手段への転換を図ることが望まれます。そのためには、そうした移動手段が「マイカー運転の有する自由度・利便性を一定程度満足する」手段である必要があります。

こうした問題意識のもと、検討委員会では「マイカー運転の自由度・利便性に近い移動手段」に焦点化して検討しました。

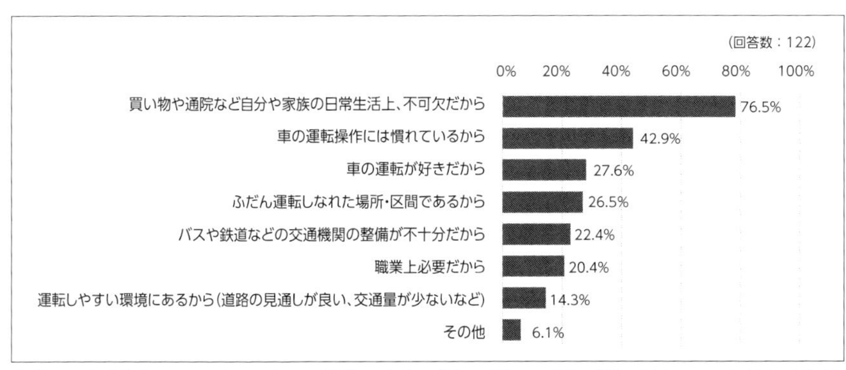

資料４　高齢者（65歳以上）が年齢や身体的な支障の有無に関わらず車の運転を続けようと思う理由（出典：内閣府「平成30年度高齢者の住宅と生活環境に関する調査結果」）

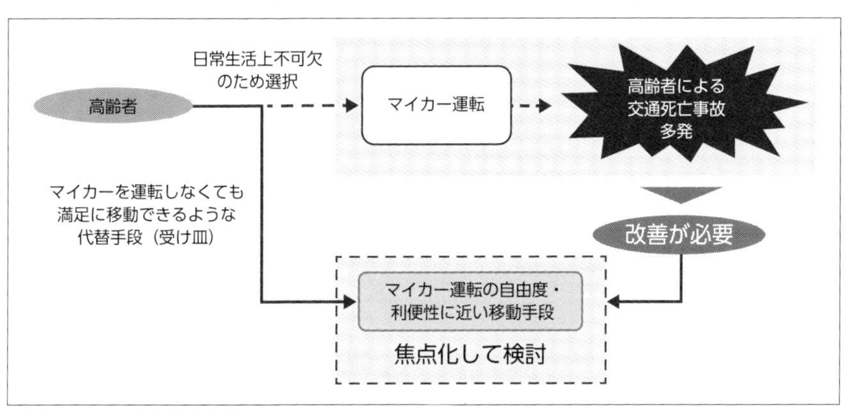

資料５　「マイカー運転の自由度・利便性に近い移動手段」への焦点化

４．新たなモビリティサービスの実現に向けて

「マイカー運転の自由度・利便性に近い移動手段」とは

マイカーを手放して自らの移動手段を確保する場合に、既存のバス・タクシーだけでは、地域の交通環境の違いにより、移動の自由度・利便性において差が生じてしまう状況にあります。そのため、「マイカー

運転の自由度・利便性に近い移動手段」とは、移動の自由度・利便性を、マイカーに近づけることで、マイカー所有以外の移動の選択肢となり得る新たなモビリティサービスの役割を担うものと考えます。なお、その形態は地形、人口密度、集落の状況等、地域の状況に応じて、変わり得るものです。

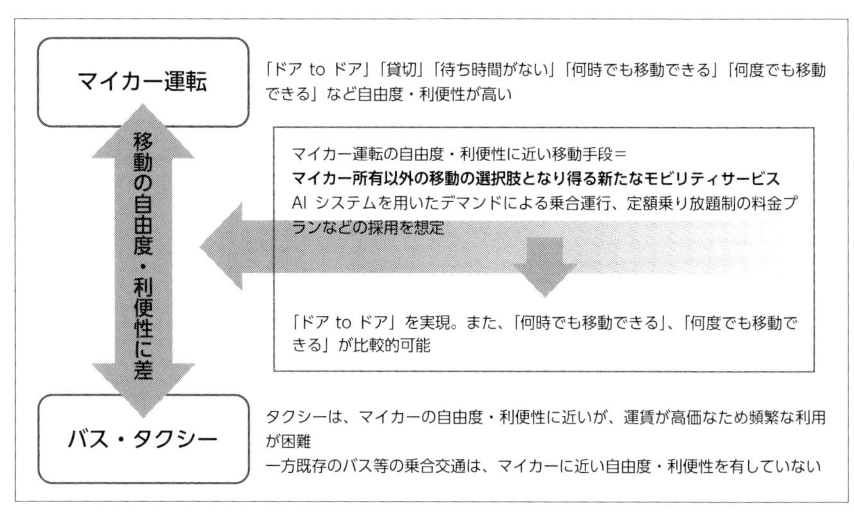

資料6　マイカー運転とバス・タクシーの相関図

こうした マイカー運転の自由度・利便性に近い移動手段のことを「新たなモビリティサービス」と呼ぶこととします。そして、その実現に当たっては、AIシステムを用いたデマンドによる乗合運行、定額乗り放題制の料金プランを採用することを想定します。

なお、免許返納が進むか否かは地域における既存の公共交通の利便性に左右されます。「新たなモビリティサービス」によってマイカー所有からサービス利用への転換が進むためには、相応のサービスレベルを確保する必要があることに留意すべきです。

新たなモビリティサービスにより実現する世界

新たなモビリティサービスにより、高齢者等は事故を起こす不安のない安心・自由な移動を確保して、通院、買い物、余暇・交流等の日常的な外出が可能になり、暮らしの質（QOL）の向上や健康の維持を図ることが可能になります。

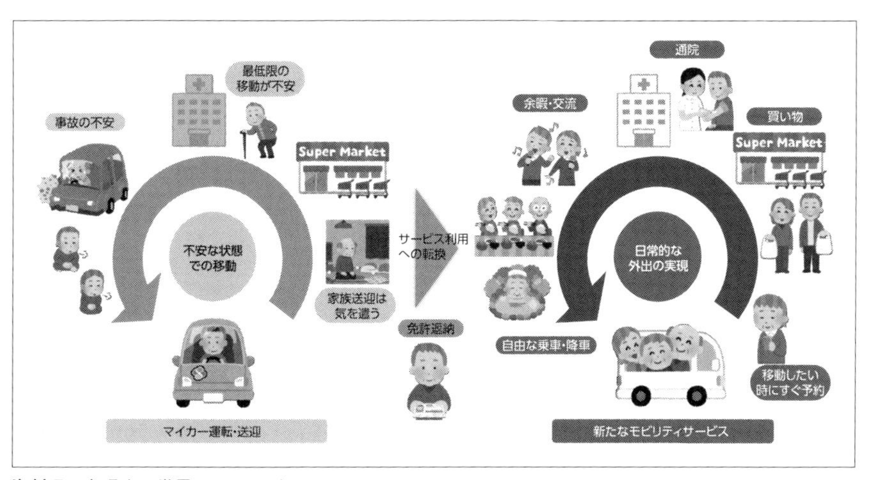

資料７　実現する世界のイメージ

また、多くの利用が得られる新たなモビリティサービスが普及すれば、提供する交通事業者にとっては、新たなビジネス（市場）として収益を確保でき、ドライバー等、従業員に対する適正な給与も確保できます。

さらに、自治体においては、移動手段確保や医療に関する財政負担の軽減、住民の外出先である地域の賑わい創出・活性化、住民の自治体への満足度の向上、CO_2排出量削減によるカーボンニュートラル実現への寄与など、地域の魅力向上につながることも期待できます。

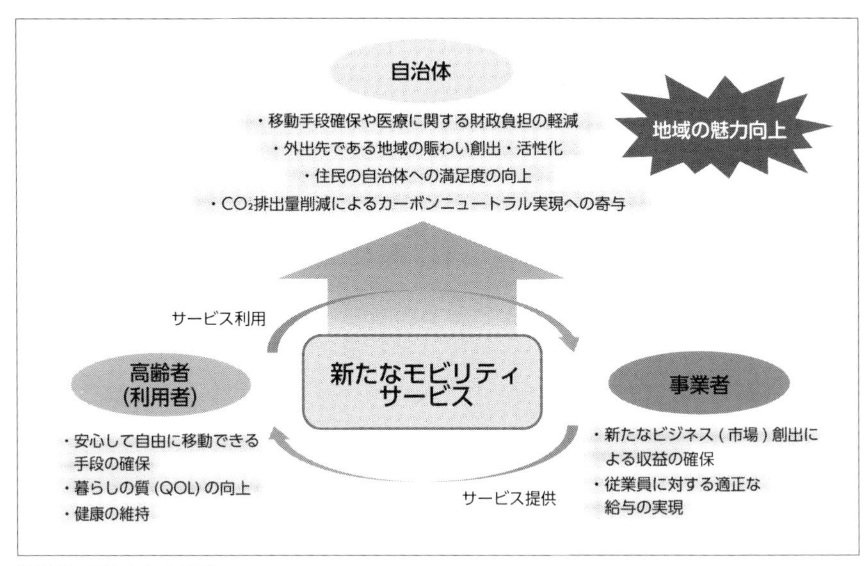

資料8　期待される効果

事例調査

新たなモビリティサービスを検討するに当たり、参考となる取組は各地で進んできています。その事例として、西日本鉄道㈱およびネクスト・モビリティ㈱による「のるーと」、郡山観光交通㈱による「ヤマグチくん」、岡山県久米南町による「カッピーのりあい号」を調査しました。

【事例A】西日本鉄道㈱およびネクスト・モビリティ㈱「のるーと」

ア　概要

- 西日本鉄道㈱が住宅団地を含む住宅地である壱岐南地区で、ネクスト・モビリティ㈱が提供するAI活用型オンデマンドバス「のるーと」を運行。

- ミーティングポイント型で10人乗りハイエース1台（定員8人）で運行。1日1台70件程度の送迎実績あり。
- 循環ミニバスを運行していたが、1時間に1本の頻度で、乗車時間も長いことから、運行の効率化を図るためにAI活用型オンデマンドバスの運行に転換した。

イ　運行エリア

- 壱岐南地区は、福岡市西区の住宅団地を含む住宅地（約70棟・2,000戸の公営団地もエリアに隣接）。面積は約3㎢。人口1万人。エリア内には1日平均乗車人員約3,000人の駅が立地。また、商店街やスーパー、ディスカウントストア、コンビニ、総合病院、内科、整形外科などが立地している。

人口（2019年）※	10,451人
面積（㎢）	約3㎢
人口密度（人/㎢）	約3,000人/㎢
高齢化率（2019年）※	36.5%

※壱岐南校区の数値

ウ　運行形態

運営主体	西日本鉄道㈱	運行主体	西日本鉄道㈱
運行時間	8時30分～18時30分	車両	ハイエース1台10人乗り（定員8人）
運行形態	ミーティングポイント型	予約方法	リアルタイム予約・事前予約
運賃	大人300円、6歳以上12歳未満・障がい者150円、1歳以上6歳未満無料		

エ　利用・運行状況

- 利用実績のある登録者数は約650人。※2022年4月時点

- 年齢層は、65歳以上が7割で通院・買い物を目的に利用している。3割は車を運転しない主婦層が中心となっている。
- 利用件数は平日が平均50件、土曜日が平均30件、祝日が平均20件（目標1日70件程度)。
- 午前中に利用件数が多く、常時稼働している状態にある。
- 通院の終わりに買い物をする3点移動が多い。
- 午後は通院などの利用が減る、また土日は病院が診療していないため余力がある。
- 週1～2回程度の利用が多い。

オ　事例のポイント

- AIによる予約・配車システムを活用することで1日1台70件など高い輸送力で運行することが可能。
- 「のるーと」を2台運行している他エリアでは1日1台当たり100件の想定実績もあり、台数が増えれば予約のマッチング・送迎の効率性が上がる場合もある。
- 壱岐南地区では、運賃収入のみでの収支比率約30％を達成しており、さらに、エリア内の店舗・会社等からの協賛金を得ることで収支をバランスしている。

【事例B】郡山観光交通㈱「ヤマグチくん」

ア　概要

- 郡山市の住宅地である安積地区を中心に、デマンド型乗合サービス「ヤマグチくん」を提供している。定額乗り放題プランと回数券での利用が可能であり、お出かけを目的とした旅行サービスとして実施している。サービス対象は安積地区の住民限定。安積地区内を月1万円（税込）で、郡山市内を月3万3,000円（税込）で乗り放題可能。

- タクシー事業等を展開する中で、高齢者等の日々の外出手段を提供し、新たな需要の発掘や、ドライバー等の職業の安定化・魅力向上（定額サービスによる固定給に近い給与体系での雇用、利用者と行き先がわかる安心感など）を図ることを目的に既存の事業とは異なる新たな事業として開始。2018年よりサービスの社会実験を開始。

イ　運行エリア

- 運行エリアは、郡山市近郊の「安積地区」と「郡山市内」。安積地区の面積は約20k㎡、人口約3.5万人。郡山市内の可住地面積は約330k㎡、人口約30万人。
- 安積地区には1日平均乗車人員約2,000人の駅が立地し、周辺に商店街あり。また、複数のスーパーや病院、温泉施設が立地している。

運行エリア①　安積地区（福島県郡山市）

人口（2023年1月1日時点）	33,261人
面積	17.43k㎡
人口密度	1,908.3人/k㎡
高齢化率（2023年1月1日時点）	26.7%

運行エリア②　福島県郡山市

人口（2023年1月1日時点）	317,486人
面積	757.20㎢
人口密度	419.3人/㎢
可住地面積※	334.14 ㎢
可住地面積当たり人口密度	950.2人/㎢
高齢化率（2023年1月1日時点）	27.5%

※都市構造可視化計画HP掲載の郡山市の数値参照

ウ　運行形態

運営主体	郡山観光交通㈱	運行主体	郡山観光交通㈱
運行時間	10時00分～ 17時00分	車両	乗用車1台（状況に応じて2～3台で対応）
運行形態	ドアtoドア型	予約方法	電話・事前予約
運賃	乗り放題プラン　プランA（運行エリア①乗り放題）：月1万円、 プランB（運行エリア②乗り放題）：月3.3万円 回数券（運行エリア②※内の移動を１枚で利用可能） 4枚5,500円、10枚11,000円、22枚22,000円など		

※一部地域を除く

エ　利用・運行状況

- 乗り放題プランAは、2021年3月の1か月間で、月間利用者20人、1日当たり利用件数約10件、1人当たり利用件数約20件。
- 乗り放題プランBは、2021年3月の1か月間で、月間利用者2人、1日当たり利用件数約3件、1人当たり利用件数約40件。
- 回数券は、2021年3月の1か月間で、月間利用者15人、利用枚数約120枚、1人当たり利用回数約10回。
- 通院や生活必需品の買い物、温泉などの利用が多い。

- プランAの移動距離は1.5km以内が約４割、0.5km以内も約１割。移動時間は平均約６分。
- 乗合は月に20 ～ 30件程度で同乗が多い。

オ　事例のポイント

- 定額型の乗り放題プランでのドアtoドア型の乗合サービスを、既存のタクシー事業と異なる新たなサービスとして展開している。
- 月に40回使用している利用者もおり、利便性が高ければ月３万円などの料金設定でのサービス展開もでき、短距離・短時間の移動など新たな需要の発掘につなげられる。
- 高齢者の免許返納の実績が出始めており、サービス利用をきっかけとした免許返納が既に10件以上出ている。
- 「月間の定額利用料金を月間利用回数で割り戻した実質の１回当たりの利用金額」は「タクシーメーター料金」の約55％程度となっている。
- サービス利用者の90％が従前の主たる移動手段が「自家用車利用」「家族送迎」など「タクシー」以外であったというデータもあり、タクシーの新規需要を生み出したと考えられる。

【事例Ｃ】久米南町「カッピーのりあい号」

ア　概要

- 久米南町が、㈱未来シェアのAIによる予約・配車システム

「SAVS」で、デマンド交通「カッピーのりあい号」を運行している。久米南町内では時間や乗降場所が自由であり、サービス対象者の条件はなし。

● デマンド運行開始当初は運行エリアを5つのゾーンに区分し、時刻表を設定した運行であったが、2020年1月に㈱未来シェアのAIによる予約・配車システム「SAVS」を導入して、時刻表と予約締切時刻のない方式の運行へ変更。
● また、2020年6月からこの仕組みを活用した貨客混載事業を開始。

イ 運行エリア

● 過疎地域。平地が少なく、大半が丘陵地。住宅は点在して立地。鉄道駅が3駅あり。

人口（2020年10月1日時点）	4,710人
面積	78.65㎢
人口密度	59.9人/㎢
可住地面積※	26.15㎢
可住地面積当たり人口密度	180.1人/㎢
高齢化率（2020年10月1日時点）	45.1%

※都市構造可視化計画HP掲載の久米郡久米南町の数値参照

ウ 運行形態

運営主体	久米南町	運行主体	㈱エスアールティー
運行時間	平日： 7時30分～ 18時30分 土日祝日： 8時00分～ 17時00分	車両	乗客定員4人乗り3台、乗客定員5人乗り2台 ※車両が足りない場合には連携するタクシー事業者が配車
運行形態	ドアtoドア型	予約方法	スマートフォンまたは電話で予約（乗車日前日から直前まで可）
運賃	大人300円、小学生および生活保護受給者、該当の各種障害手帳等の所持者は半額、小学生未満は無料		

〈店舗商品宅配サービス・個人宅間宅配サービス〉

■店舗商品宅配サービス

●電話で商品を注文すると指定された時刻・場所に配達するサービス

■個人宅間宅配サービス

●個人宅間の荷物を指定された時刻・場所に配達するサービス

運営主体	久米南町	運行主体	㈱エスアールティー
運行時間	平日： 7時30分～18時30分 土日祝日： 8時00分～17時00分	注文方法	電話で予約
運賃	1ケース300円 縦30cm×横40cm×高さ30cm：クーラーボックス型（5kg以内で保冷の必要なもの） 縦33cm×横49cm×高さ30cm：コンテナ型（10kg以内）		

エ　送迎の利用状況（2022年４月）

利用件数	1,763件	利用者数（利用実績のあった利用者ID数）	248人
1日最大利用件数	108件	1人あたり平均利用件数	6.6件
1日・1台当たり平均利用件数	15件	1日・1台あたり最大利用件数	30件

オ　宅配の利用状況（2022年４月）

宅配件数	59件	利用者数（利用実績のあった利用者ID数）	27件

カ　事例のポイント

●AIによる予約・配車システムを導入し、時刻表や予約締切時刻などの制約をなくすことで、人口密度の低い地域でも運行の効率性と利用者の利便性を向上し、利用件数を増加させることができる。

- なかには、月に30回以上使っている利用者もおり、日常生活の移動手段を担う可能性あり。
- また、宅配などの送迎以外のサービスを組み合わせた展開も可能。
- 町が負担する金額（国等からの補助金額を除く）を利用者1件当たりで算出すると、2022年は1,966円/件で、AIによる予約・配車システムを導入する前の2019年の4,300円/件と比較して、45.7%まで低下。

簡易シミュレーション

新たなモビリティサービスを展開することを検討するに当たり、事業性等の実現可能性の検証と実現に向けた対策の検討に資するため、簡易的なシミュレーション（収支計算）を実施しました。

(1) 仮定エリアの想定

簡易シミュレーションを実施するエリアとして、高齢化率等の増加により、移動手段確保が課題になりやすいエリアである、全国に約3,000ある住宅団地を含むような「都市近郊部の住宅地」と、国土の約6割を占め、市町村数の半数近くを占める「過疎地域」を仮定しました。

都市近郊部の住宅地のケースとして「壱岐南地区」、過疎地域のケースとして「久米南町」を想定しました。

	総数
団地全体	2,903
戸建住宅を含む	2,689 (92.6%)
うち戸建住宅のみ	1,488 (51.3%)
公的共同賃貸住宅を含む	499 (17.2%)
うち公的共同賃貸住宅のみ	85 (2.9%)
民間共同賃貸住宅を含む	988 (34.0%)
共同分譲住宅を含む	556 (19.2%)

資料９　住宅団地の現状（住宅団地は全都道府県に約3,000団地）
出典：国土交通省住宅局　「住宅団地の実態について」

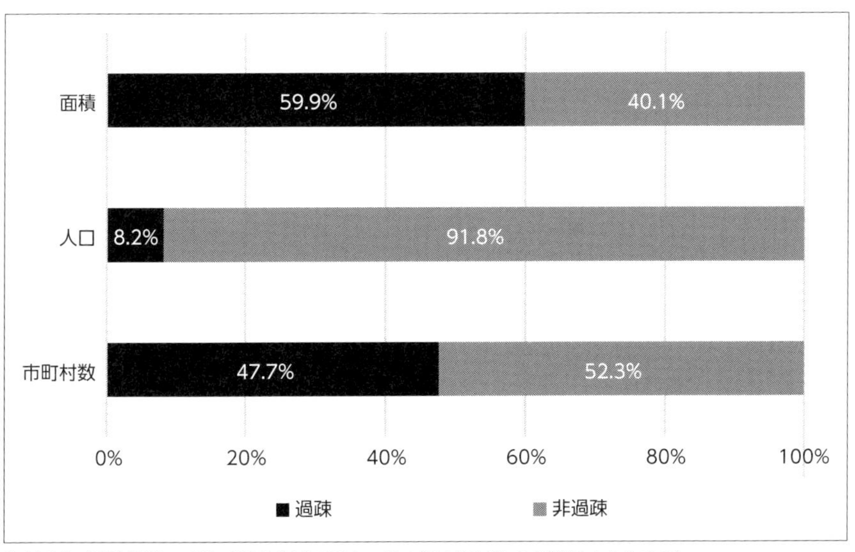

資料10　過疎地域の現状（過疎地域は国土の約６割市町村数の半数近くを占める）
出典：総務省地域力創造グループ過疎対策室「令和２年度版過疎対策の現況」

(2) 実施条件の設定

簡易シミュレーションの実施条件は以下のとおり設定しました。

シミュレーションに関する留意事項

本シミュレーションは、事例のエリアの情報を参考に、仮定の事業の環境や条件を設定し、事業性等の検証等を実施していますが、面積や人口密度等、エリアの条件が変わればこうした事業性等も変わってきます。

また、本シミュレーションでは、1日当たりの送迎可能件数をサービス供給量として設定していますが、デマンド型のサービスは、システムによる需給のマッチング・待ち時間の設定や運行する車両の台数次第で、送迎の効率が改善し得るため、本シミュレーションで設定した1日・1台当たりの送迎可能件数以上の件数に対応できる可能性もあります。

〈サービス利用者の設定〉

- 本調査研究においては、車以外の移動手段が十分にないため自ら運転している高齢者のマイカー運転からサービス利用への転換を主眼としていることから、65歳以上の高齢者の利用を想定して実施。

〈1日当たりの送迎可能件数の設定〉

- 乗合率や迂回率は定義が様々であり、かつシミュレーターによるシミュレーション結果や運行実績データを基に算出するため、本簡易シミュレーションのパラメーターとしての採用が困難なことから、実際のサービス実績に基づいた数値を設定する方法を採用。
- 都市近郊部の住宅地のケースは「壱岐南地区」を想定するため、「壱岐南地区」において実績のある1日・1台当たり70件を送迎可能件数と設定。

- 過疎地域のケースは「久米南町」を想定するため、「久米南町」において実績のある１日・１台当たり30件を送迎可能件数と設定。

〈ドライバーの運転時間の配慮〉

- ドライバーの運転は、頻繁な乗降車を繰り返す、デマンド型の運行による負担を加味して１人２時間交代・２人体制で実施することを想定。

〈人件費の留意点〉

- 収支のシミュレーションにおいて、ドライバーとオペレーターの人件費を事例の結果等も踏まえながら設定しているが、人材の育成や管理に関わる費用は反映していないため留意が必要。

(3) 簡易シミュレーションの実施フロー

簡易シミュレーションは以下の順で各数値の設定・算出を行い実施しました。

2050年までの簡易の人口推計を行い、経年的な人口・高齢化率の変化を踏まえたシナリオを設定。それぞれの事例の運行実績を参考データとした上で、定額型の乗合サービス内容のプラン、目標の達成時期・転換率、１日当たりの送迎可能件数の設定を行うなどにより、簡易的にシミュレーションを実施しました。

2025年をサービス開始時点として、目標の転換率の達成時期を「2030年」「2040年」「2050年」の３パターンとしました。近年の65歳以上の免許返納率（自主返納）は3.0％程度であることから、2025年時点でのマイカー運転からサービス利用への転換率は3.0％に設定しました。そして、2025年から達成時期までの間、3.0％から目標の転換率に向けて均等に上昇した上で、達成後は目標の転換率を維持すると仮定しました。

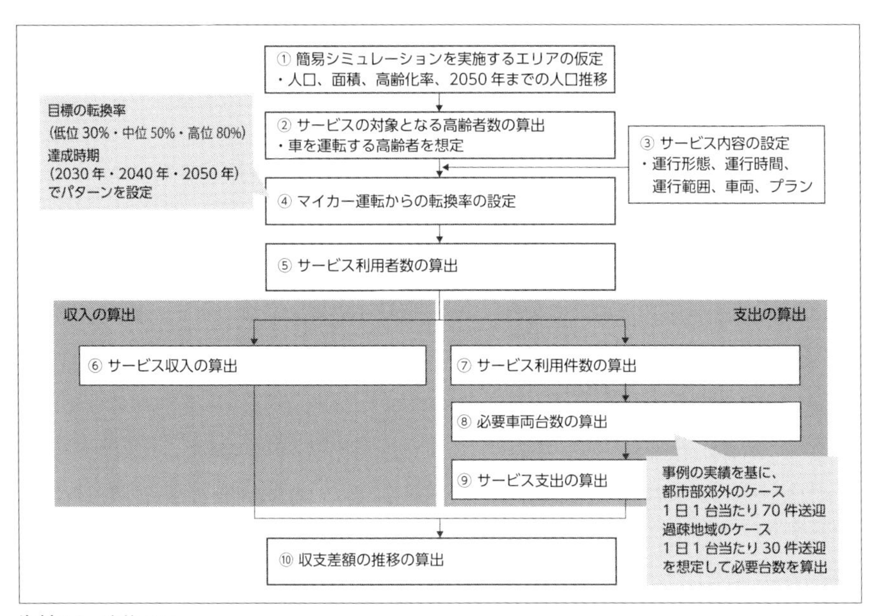

資料11　実施フロー

(4) サービス内容

サービス内容は、事例の情報を参考に、以下のとおり設定しました。マイカー利用の頻度によってサービスの利用頻度も異なると考えられるため、2プランを設定しました。

項目	設定内容	設定理由
運行形態	ドアtoドア・乗合型のデマンドサービス	マイカーの利便性に近い形態を採用
運行時間	8時30分～18時30分（10時間）	事例と同様に時間を設定
運行範囲	都市近郊部の住宅地のケースは3k㎡、過疎地域のケースは80k㎡を想定	日常生活圏域のための移動手段として設定
車両	都市近郊部の住宅地のケースはハイエース（10人乗り）、過疎地域のケースはミニバン（4～5人乗り）を想定	乗合による輸送量確保を想定して採用

プラン	**プラン1（回数制限あり）** 1週間当たり6回程度 （週3日、1日2回程度の利用、1か月24回分）を想定 **プラン2（A）（回数制限なし）** 1週間当たり10回程度 （週5日、1日2回程度の利用、1か月40回分）を想定 ※全利用者が1か月40回を超えないと想定 **プラン2（B）（回数制限なし）** 1週間当たり20回程度 （週5日、1日4回程度の利用、1か月80回分）を想定 ※全利用者が1か月80回を超えないと想定	マイカー利用の状況に合ったサービスを設定するため、2種類のプランを設定（なお、プラン2については、想定する利用回数をAとBの2パターン設定）

資料12　設定内容

シミュレーションの実施に当たり各プラン2パターンの金額を設定しました。

	金額設定①	金額設定②
プラン1	10,000円/月 ※417（円/回）程度　税抜き	20,000円/月 ※833（円/回）程度　税抜き
プラン2	20,000円/月 ※500（円/回）程度　税抜き（A） ※250（円/回）程度　税抜き（B）	35,000円/月 ※875（円/回）程度　税抜き（A） ※438（円/回）程度　税抜き（B）

資料13　金額設定

支出の算出に当たっては、事例の情報を参考に、以下のとおり設定しました。

支出項目	設定内容
ドライバー人件費	1台あたり600万円／年
システム費	基本利用料100万円／年＋1台当たり150万円／年
燃料費	1台当たり140万円／年
車両費	1台当たり50万円／年
オペレーター人件費	1～2人分の稼働として600万円／年
整備費	1台当たり25万円／年
その他備品	1台当たり20万円／年

資料14　支出設定

(5) 簡易シミュレーション結果

簡易シミュレーションによって、サービス利用への転換を促すマイカーを運転する高齢者数やサービスの金額を算出した上で、都市郊外部の住宅地のケースと過疎地域のケースでの収支を算出しました。結果は以下のとおりです。

新たなモビリティサービスを展開するに当たり、都市郊外部の住宅地では収支のバランスを取りながら黒字転換できる可能性があると考えられます。その一方で、過疎地域では収支を黒字に転換させることは難しい可能性もありますが、現状よりも収支比率を向上していくことが可能と考えられます。

サービス利用への転換を促すマイカーを運転する高齢者数の抽出

サービス利用への転換を促すマイカーを運転する高齢者数は、2025年から2050年にかけて、都市郊外部の住宅地では約8％減（3,610人⇒3,500人）である一方、過疎地域では約50％減（1,890人⇒1,050人）となります。

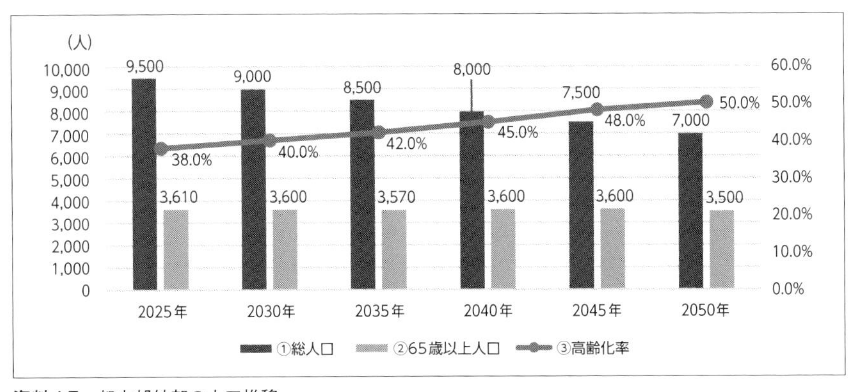

資料15　都市郊外部の人口推移

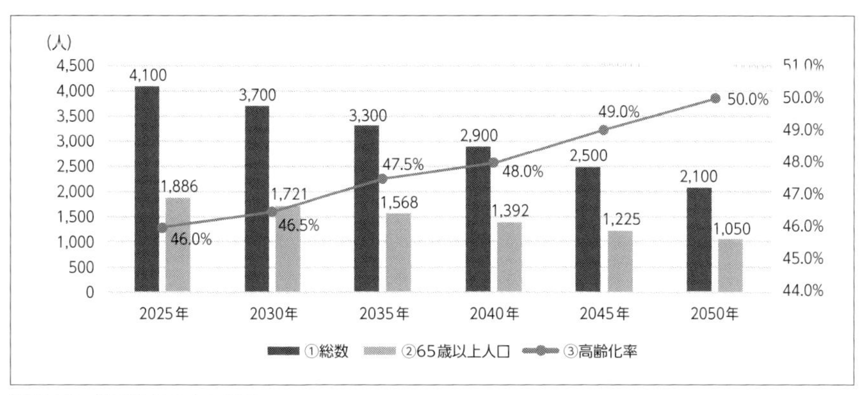

資料16　過疎地域の人口推移
※名古屋大学大学院環境学研究科附属持続的共発展教育研究センター提供の「小地域ごとの簡易人口推計ツール」を用いて特定エリアでの人口推計を実施

サービス内容の設定

ドアtoドア・乗合型のデマンドサービスとして、利用可能回数を月24回のプラン1と月40回（A）または80回（B）のプラン2で、金額設定を2パターン設定した結果、金額設定①（プラン1：10,000円、プラン2:20,000円）で250～500円/回程度、金額設定②（プラン1:20,000円、プラン2:35,000円）で400～900円/回程度となりました。

<table>
<tr><th colspan="3">設定内容</th><th colspan="2">金額設定①</th><th colspan="2">金額設定②</th></tr>
<tr><td colspan="2">プラン1
（回数制限あり）</td><td>1週間当たり6回程度（週3日、1日2回程度の利用、1か月24回分）を想定</td><td>10,000円</td><td>※1回当たり417円程度税抜き</td><td>20,000円</td><td>※1回当たり833円程度税抜き</td></tr>
<tr><td rowspan="2">プラン2
（回数制限なし）</td><td>A</td><td>1週間当たり10回程度（週5日、1日2回程度の利用、1か月40回分）を想定
※全利用者が1か月40回を超えないと想定</td><td rowspan="2">20,000円</td><td>※1回当たり500円程度税抜き</td><td rowspan="2">35,000円</td><td>※1回当たり875円程度税抜き</td></tr>
<tr><td>B</td><td>1週間当たり20回程度（週5日、1日4回程度の利用、1か月80回分）を想定
※全利用者が1か月80回を超えないと想定</td><td>※1回当たり250円程度税抜き</td><td>※1回当たり438円程度税抜き</td></tr>
</table>

資料17　金額設定

都市郊外部の住宅地のケースでの収支

金額設定②（プラン１が20,000円、プラン２が35,000円）を採用したパターンは、ほとんどの場合で黒字転換しており、収支比率は100%以上に達しています。

金額設定①（プラン１が10,000円、プラン２が20,000円）を採用したパターンでは、収支比率は2030年以降すべて50%以上に達しており、月40回（A）プラン２で転換率が高位80％のパターンでは収支比率が100％を超えています。

	プランの金額設定	設定する転換率の達成時期	マイカー運転からの転換率	収支比率(%)					
				2025年	2030年	2035年	2040年	2045年	2050年
パターン1-A-ア	1.金額設定① プラン1 10,000円 プラン2(A) 20,000円	A.2030年	ア.低位:30%	36.3%	89.0%	87.1%	87.1%	86.2%	97.5%
パターン1-A-イ			イ.中位:50%	36.3%	102.2%	100.6%	100.4%	99.4%	95.8%
パターン1-A-ウ			ウ.高位:80%	36.3%	108.1%	106.2%	106.0%	105.1%	108.5%
パターン1-B-ア		B. 2040年	ア.低位:30%	36.3%	64.4%	87.2%	87.1%	86.2%	97.5%
パターン1-B-イ			イ.中位:50%	36.3%	78.9%	100.0%	100.4%	99.4%	95.8%
パターン1-B-ウ			ウ.高位:80%	36.3%	99.6%	99.1%	106.0%	105.1%	108.5%
パターン1-C-ア		C. 2050年	ア.低位:30%	36.3%	61.6%	72.6%	79.4%	83.4%	97.5%
パターン1-C-イ			イ.中位:50%	36.3%	66.6%	90.5%	90.8%	101.9%	95.8%
パターン1-C-ウ			ウ.高位:80%	36.3%	77.6%	98.2%	98.7%	106.4%	108.5%
パターン2-A-ア	2.金額設定② プラン1 20,000円 プラン2(A) 35,000円	A. 2030年	ア.低位:30%	65.5%	160.4%	157.1%	157.1%	155.5%	175.8%
パターン2-A-イ			イ.中位:50%	65.5%	184.4%	181.4%	181.0%	179.2%	172.8%
パターン2-A-ウ			ウ.高位:80%	65.5%	194.9%	191.4%	191.1%	189.5%	195.6%
パターン2-B-ア		B. 2040年	ア.低位:30%	65.5%	116.1%	157.1%	157.1%	155.5%	175.8%
パターン2-B-イ			イ.中位:50%	65.5%	142.2%	180.4%	181.0%	179.2%	172.8%
パターン2-B-ウ			ウ.高位:80%	65.5%	179.6%	178.6%	191.1%	189.5%	195.6%
パターン2-C-ア		C. 2050年	ア.低位:30%	65.5%	111.0%	130.8%	143.1%	150.4%	175.8%
パターン2-C-イ			イ.中位:50%	65.5%	120.2%	163.2%	163.7%	183.8%	172.8%
パターン2-C-ウ			ウ.高位:80%	65.5%	139.9%	177.1%	178.0%	191.9%	195.6%
パターン3-A-ア	1.金額設定① プラン1 10,000円 プラン2(B) 20,000円	A. 2030年	ア.低位:30%	36.3%	55.7%	60.2%	60.2%	59.6%	57.3%
パターン3-A-イ			イ.中位:50%	36.3%	59.4%	62.2%	62.0%	61.4%	59.2%
パターン3-A-ウ			ウ.高位:80%	36.3%	61.8%	63.2%	63.1%	62.6%	62.7%
パターン3-B-ア		B. 2040年	ア.低位:30%	36.3%	50.7%	53.2%	60.2%	59.6%	57.3%
パターン3-B-イ			イ.中位:50%	36.3%	55.4%	57.3%	62.0%	61.4%	59.2%
パターン3-B-ウ			ウ.高位:80%	36.3%	58.6%	59.9%	63.1%	62.6%	62.7%

パターン3-C-ア		C. 2050年	ア.低位:30%	36.3%	45.0%	47.1%	55.7%	54.7%	57.3%
パターン3-C-イ			イ.中位:50%	36.3%	52.5%	55.3%	56.9%	57.3%	59.2%
パターン3-C-ウ			ウ.高位:80%	36.3%	54.5%	56.3%	61.0%	60.2%	62.7%
パターン4-A-ア	2.金額設定② プラン1 20,000円 プラン2(B) 35,000円	A. 2030年	ア.低位:30%	65.5%	100.5%	108.6%	108.6%	107.5%	103.4%
パターン4-A-イ			イ.中位:50%	65.5%	107.1%	112.1%	111.9%	110.7%	106.8%
パターン4-A-ウ			ウ.高位:80%	65.5%	111.5%	114.0%	113.8%	112.8%	113.1%
パターン4-B-ア		B. 2040年	ア.低位:30%	65.5%	91.4%	96.0%	108.6%	107.5%	103.4%
パターン4-B-イ			イ.中位:50%	65.5%	99.8%	103.4%	111.9%	110.7%	106.8%
パターン4-B-ウ			ウ.高位:80%	65.5%	105.6%	108.0%	113.8%	112.8%	113.1%
パターン4-C-ア		C. 2050年	ア.低位:30%	65.5%	81.1%	85.0%	100.5%	98.6%	103.4%
パターン4-C-イ			イ.中位:50%	65.5%	94.7%	99.7%	102.5%	103.3%	106.8%
パターン4-C-ウ			ウ.高位:80%	65.5%	98.2%	101.5%	110.0%	108.5%	113.1%

資料18　収支シミュレーション結果（都市郊外部）※ は100%以上

過疎地域のケースでの収支

すべてのパターンで、収支差額の累計は赤字になりました。

その一方で、金額設定②（プラン１が20,000円、プラン２が35,000円）を採用したパターンでは、月40回（A）プラン２で2030年以降すべて収支比率50%超（転換率が高いと70～80％）、月80回（B）のプラン２でもほとんどの場合で2030年以降収支比率40%超となっています。

	プランの金額設定	設定する転換率の達成時期	マイカー運転からの転換率	収支比率(%)					
				2025年	2030年	2035年	2040年	2045年	2050年
パターン1-A-ア	1.金額設定① プラン1 10,000円 プラン2(A) 20,000円	A.2030年	ア.低位:30%	17.8%	40.7%	42.9%	37.8%	39.3%	32.8%
パターン1-A-イ			イ.中位:50%	17.8%	42.4%	42.0%	41.1%	40.1%	38.7%
パターン1-A-ウ			ウ.高位:80%	17.8%	46.4%	44.6%	45.0%	42.5%	42.7%
パターン1-B-ア		B. 2040年	ア.低位:30%	17.8%	29.2%	36.7%	37.8%	39.3%	32.8%
パターン1-B-イ			イ.中位:50%	17.8%	36.2%	41.9%	41.1%	40.1%	38.7%
パターン1-B-ウ			ウ.高位:80%	17.8%	39.2%	41.5%	45.0%	42.5%	42.7%
パターン1-C-ア		C. 2050年	ア.低位:30%	17.8%	28.3%	30.9%	36.8%	32.3%	32.8%
パターン1-C-イ			イ.中位:50%	17.8%	30.9%	38.0%	39.0%	37.8%	38.7%
パターン1-C-ウ			ウ.高位:80%	17.8%	35.4%	41.0%	40.4%	41.4%	42.7%

パターン2-A-ア	2.金額設定② プラン1 20,000円 プラン2(A) 35,000円	A. 2030年	ア.低位:30%	32.0%	73.3%	77.3%	68.1%	70.9%	59.2%
パターン2-A-イ			イ.中位:50%	32.0%	76.5%	75.8%	74.1%	72.4%	69.7%
パターン2-A-ウ			ウ.高位:80%	32.0%	83.7%	80.3%	81.2%	76.7%	76.9%
パターン2-B-ア		B. 2040年	ア.低位:30%	32.0%	52.7%	66.2%	68.1%	70.9%	59.2%
パターン2-B-イ			イ.中位:50%	32.0%	65.3%	75.6%	74.1%	72.4%	69.7%
パターン2-B-ウ			ウ.高位:80%	32.0%	70.7%	74.8%	81.2%	76.7%	76.9%
パターン2-C-ア		C. 2050年	ア.低位:30%	32.0%	51.0%	55.6%	66.3%	58.3%	59.2%
パターン2-C-イ			イ.中位:50%	32.0%	55.6%	68.5%	70.4%	68.1%	69.7%
パターン2-C-ウ			ウ.高位:80%	32.0%	63.9%	74.0%	72.9%	74.6%	76.9%
パターン3-A-ア	1.金額設定① プラン1 10,000円 プラン2(B) 20,000円	A. 2030年	ア.低位:30%	11.2%	25.5%	25.2%	24.8%	24.0%	23.1%
パターン3-A-イ			イ.中位:50%	11.2%	25.7%	26.0%	26.1%	24.3%	24.2%
パターン3-A-ウ			ウ.高位:80%	11.2%	26.3%	26.5%	26.4%	26.6%	26.4%
パターン3-B-ア		B. 2040年	ア.低位:30%	11.2%	23.0%	22.4%	24.8%	24.0%	23.1%
パターン3-B-イ			イ.中位:50%	11.2%	22.1%	24.0%	26.1%	24.3%	24.2%
パターン3-B-ウ			ウ.高位:80%	11.2%	24.6%	26.6%	26.4%	26.6%	26.4%
パターン3-C-ア		C. 2050年	ア.低位:30%	11.2%	20.7%	20.1%	23.9%	22.7%	23.1%
パターン3-C-イ			イ.中位:50%	11.2%	20.1%	23.2%	25.6%	23.7%	24.2%
パターン3-C-ウ			ウ.高位:80%	11.2%	24.9%	25.7%	25.7%	25.6%	26.4%
パターン4-A-ア	2.金額設定② プラン1 20,000円 プラン2(B) 35,000円	A. 2030年	ア.低位:30%	20.2%	46.0%	45.5%	44.6%	43.3%	41.6%
パターン4-A-イ			イ.中位:50%	20.2%	46.3%	46.8%	47.1%	43.9%	43.7%
パターン4-A-ウ			ウ.高位:80%	20.2%	47.5%	47.8%	47.6%	48.0%	47.5%
パターン4-B-ア		B. 2040年	ア.低位:30%	20.2%	41.5%	40.4%	44.6%	43.3%	41.6%
パターン4-B-イ			イ.中位:50%	20.2%	39.9%	43.3%	47.1%	43.9%	43.7%
パターン4-B-ウ			ウ.高位:80%	20.2%	44.3%	48.0%	47.6%	48.0%	47.5%
パターン4-C-ア		C. 2050年	ア.低位:30%	20.2%	37.3%	36.2%	43.1%	40.9%	41.6%
パターン4-C-イ			イ.中位:50%	20.2%	36.2%	41.9%	46.2%	42.7%	43.7%
パターン4-C-ウ			ウ.高位:80%	20.2%	44.8%	46.4%	46.3%	46.1%	47.5%

資料19 収支シミュレーション結果（過疎地域） ※ ░ は40%以上 ▒ は50%以上

(6) 考察

簡易シミュレーション結果に基づく、考察は以下のとおりです。ターゲットとなる利用者や、効率性を高めるための運行形態、事業性などは、地域によって異なるため、サービス展開に当たっては、地域の特性を考慮する必要があります。

サービス利用への転換を促すマイカーを運転する高齢者数

サービス利用への転換を促すマイカーを運転する高齢者数は、都市郊外部の住宅地の場合には2025年から2050年にかけて約８％減である一方、過疎地域の場合には約50％減となります。

特に過疎地域のような人口が減少する地域では高齢者を中心としながら、子どもや学生等への利用拡大が必要になる可能性があります。

サービス提供にあたっての運行形態

ドアtoドアのデマンドによる運行を想定した結果、過疎地域では、エリアが広く人口密度が低いため、都市郊外部の住宅地と比較して、1日1台当たりの送迎件数を高く設定できず、運行の効率性を確保しにくいです。その分、車両やドライバーの確保が必要になります。

地域の特性に応じた効率的な送迎のためには、対象エリアの面積、人口密度、道路の形状等を考慮して運行形態を設定することが必要と考えられます。

サービス提供の事業性

収支を見た場合に、都市郊外部の住宅地の場合には、1万～3万5,000円など相応の料金設定をすることで、黒字転換する可能性がある一方で、過疎地域では今回設定した条件では、採算を取ることは困難です。

市場性を見いだすことが難しい場合には、他のサービスとの組み合わせによる事業性の確保や業務の効率化、公的財源の活用等が必要になると考えられます。

地域特性ごとのサービスの在り方

事例調査と簡易シミュレーションの結果を踏まえて、地域で「マイカー運転の自由度・利便性に近い移動手段」を展開するに当たり、地域特性ごとのサービスの在り方について示します。

(1) 基本的な考え方

新たなモビリティサービスを各地域で展開するに当たり、各地域の交通環境（移動ニーズの状況、各種モビリティの供給状況等）は様々であることから、当該移動手段の費用構造や事業性も地域ごとに異なるものとなり、また、必要となる公的財源の額も異なってきます。

こうした各地域の違いを踏まえ、「新たなモビリティサービス」をコミュニティバス等、以前から運行していた交通機関に替えて導入を検討する場合には、費用、料金収入、公的財源やサービスの利便性、利用状況等の「見える化」が必要です。すなわち、導入しようとする「新たなモビリティサービス」と以前から運行していた交通機関とを客観的に比較できるデータを整備することが必要です。

利用料金の設定に当たってマイカー維持費の水準を意識することで、公的財源支出の抑制を図ることが可能となります。その上で、整備された客観的データに基づき、各地域における公的財源投入の是非が判断されます。

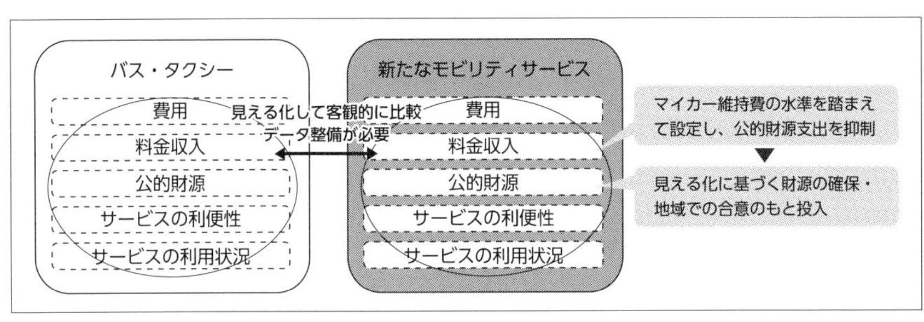

資料20 データの見える化

(2) 地域特性に応じて想定されるサービス

地域の状況を踏まえた上で考えられる、サービス展開の方向性は次のとおりです。

【ケースA】過疎地域　人口密度：超低

ア　地域のイメージ

- 中山間地域であり、中心地でバスや鉄道に乗り継げば大きな市町へ行けるが、利便性は高くない。
- 住宅や店舗・施設が点在しており、中心地までは5～10km程度離れている所もある。

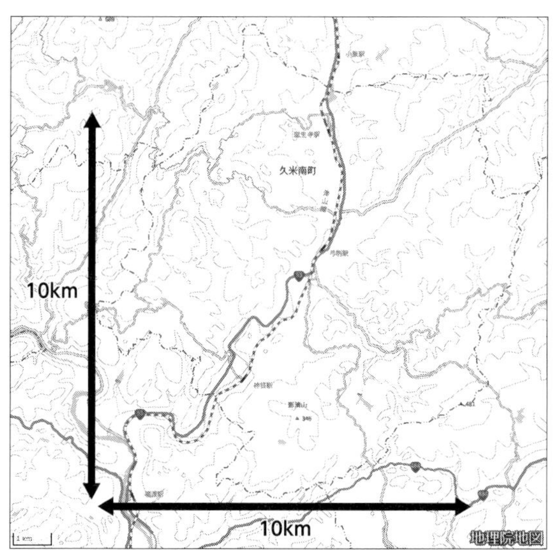

資料21　地域イメージ（過疎地域）
出典：国土地理院ウェブサイト　国土地理院地図を加工して作成

※上記イメージは「岡山県久米郡久米南町」を基に示したものであり、過疎地域の中には、谷筋に主要道路が通っており、個々の家がさらにそうした道路から奥に入っていったようなところに点在する地域や、平地に道路網が拡がっているような地域等、久米南町の地域の状況とは異なるところもあります。

イ　想定される地域の状況・見通し

〈人口動態等〉

- 人口減少が進み、高齢化率も高く、地域の維持が困難になるケースも増加する。
- 店舗・施設等が点在している、または地域内に存在しないことが多い。さらに、撤退する可能性がある。
- 公共交通が整備されていない場合も多く、マイカーによる移動が中心となっている。

〈移動ニーズに関わる状況〉

- 高齢者等が買い物や通院で店舗・施設等を徒歩で利用することは難しい。そのため、日常的な買い物や通院のための店舗・施設等までの移動で、サービスが必要となる場合が多くなると考えられる。

〈サービス供給に関わる状況〉

- 公共交通事業者が存在しない場合がある。また、公共交通事業者が存在している場合でも、撤退が進む可能性がある。ドライバーなどの担い手の確保は難しいと考えられる。

ウ　サービス展開の方向性

- 日常生活に必要な店舗・施設が立地する区域を範囲として、「ドアtoドア型」や「ミーティングポイント型」を採用することが考えられる。
- 日常的に利用したい区域・区間の距離・広さによって、「定額乗り放題」のサービスの料金設定にパターンを設定することや、距離のある店舗・施設への移動が必要な場合には、追加の料金を支払うようなプランを設定することが考えられる。また、乗合率など運行効率の向上のため、フルデマンド（時間非固定・路線非固定型）ではなく、部分的に運行時刻や路線を固定することが考えられる。

- 民間事業者が採算性を確保して運行することは難しく、利用ニーズのない時間帯を活用するなどにより、生活に必要な買い物・通院・宅配・見守りなどに関わる施設運営やサービス提供等と一体的にサービスを提供して、事業性・採算性を向上することが考えられる。その際、自治体が生活に必要な買い物・通院・宅配・見守りなどに関わる施設整備やサービス提供の維持等と併せて運行サービスを設計し、民間事業者に運行を委託することも考えられる。また、高齢者数も減少することから、子どもや学生等への利用拡大を行うことも考えられる。
- ドライバーの確保が難しい場合には、住民や社会福祉施設等との連携によってドライバーを確保することや自治体自体が運行することも考えられ、また、そのための支援が必要となることも想定される。

※サービスを展開する主体についてはあくまで一例を示したものであり、実際には、地域に現に存在する主体を活用してサービスを展開することとなります。

【ケース B】地方都市　人口密度：中～低

ア　地域のイメージ

- 大きな鉄道駅から一定程度離れた住宅地。主要道路にはバス便があるが利便性は高くない。中心市街地よりも郊外型の大規模店舗が賑わっている。各住宅から店舗や用務先までの距離は数km程度あるケースが多い。

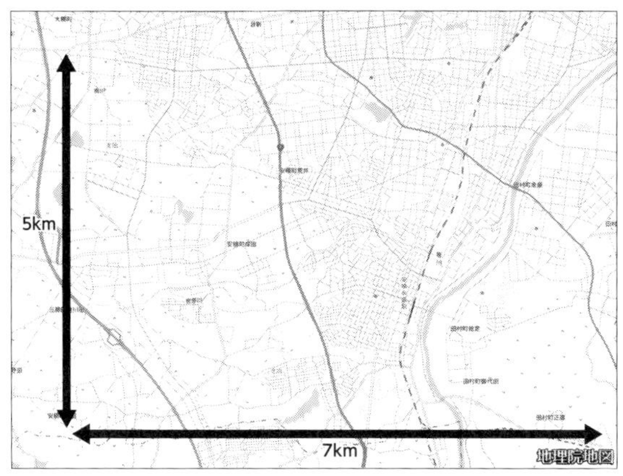

資料22-1　地域イメージ（地方都市）（安積地区）
出典：国土地理院ウェブサイト　国土地理院地図を加工して作成

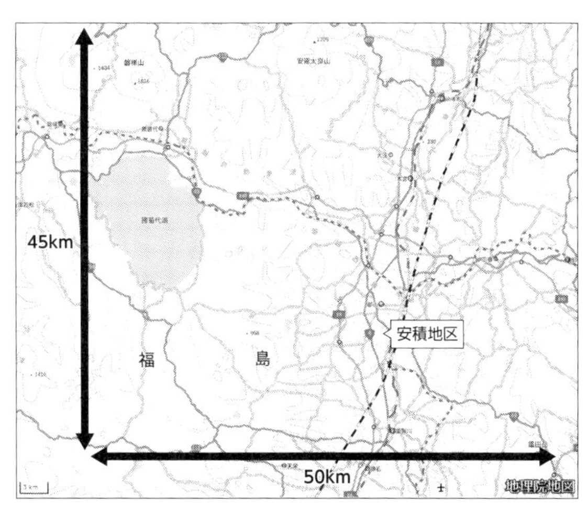

資料22-2　地域イメージ（地方都市）（郡山市）
出典：国土地理院ウェブサイト　国土地理院地図を加工して作成

※上記イメージは「福島県郡山市」および郡山市内の「安積地区」を基に示したものであり、地方都市の中には上記イメージとは異なる地域も存在します。

イ　想定される地域の状況・見通し

〈人口動態等〉

- 大都市と比較して生活圏域が広範で、人口減少により人口密度は低下し、高齢化率も高まる。
- 店舗･施設は、中心部では一定程度集積する場合もあるが、周辺部に分散している場合が多い。中心部や主要な区域・区間などで鉄道やバスが整備されているが限定的であり、マイカーによる移動が中心となっている。

〈移動ニーズに関わる状況〉

- 中心部等の限られた場所以外では、高齢者等が買い物や通院で店舗・施設を歩いて利用することは難しい。
- そのため、地域内での日常的な買い物や通院のための店舗･施設までの移動で、サービスが必要となる場合が多い。

〈サービス供給に関わる状況〉

- 公共交通事業者が都市中心部や主要な区域・区間では存在するが、周辺部では存在しない場合もある。
- 公共交通の利用減少が進むことで、地域によっては公共交通機関が撤退するエリアが増加する可能性がある。また、ドライバーなどの担い手が減少して、確保しづらい状況になっていると考えられる。

ウ　サービス展開の方向性

- 日常生活に必要な店舗・施設が立地する区域を範囲として、「ドアtoドア型」や「ミーティングポイント型」を採用することが考えられる。
- 日常的に利用したい区域･区間の距離･広さによって、「定額乗り放題」のサービスの料金設定にパターンを設定することや、距離のある店舗・施設への移動が必要な場合には、追加の料金を支払うようなプランを設定することが考えられる。

- 利用者数の確保や運行効率の面で課題があり、採算性の確保が難しい可能性があるため、民間事業者がサービスを展開する場合、自治体が運行に要する費用（システム、車両等）に対する補助や赤字補填を行うことが考えられる。
- さらに、民間事業者による主体的な展開が難しい場合には、自治体が運営主体を担い、民間事業者がサービスの運行を担うことも考えられる。

※サービスを展開する主体についてはあくまで一例を示したものであり、実際には、地域に現に存在する主体を活用してサービスを展開することとなります。

【ケースC】大都市郊外部　人口密度：高

ア　地域のイメージ

- いわゆるニュータウンとして整備された場所で、主要道路にはバス便が一定程度の利便性で運行しているが、各住戸からバス停までは数百m程度離れている場合もある。
- 鉄道駅周辺は賑わっているが、郊外型の大規模店舗も多くあり、マイカーで利用する場合も多い。

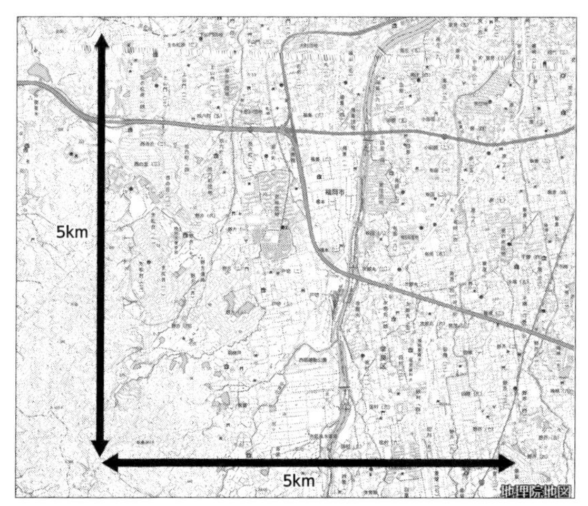

資料23　地域イメージ（大都市郊外部）
出典：国土地理院ウェブサイト　国土地理院地図を加工して作成

※上記イメージは「福岡県西区の壱岐南地区」を基に示したものであり、大都市郊外部の中には上記イメージとは異なる地域も存在します。

イ　想定される地域の状況・見通し

〈人口動態等〉

●人口・人口密度は比較的維持されると考えられるが、ニュータウン開発等によって整備された住宅地の中には、今後高齢化が急速に進み、高齢者人口が急激に増加する所がある。

●鉄道駅周辺以外ではマイカー運転での移動が比較的多い。

〈移動ニーズに関わる状況〉

●鉄道やバスは、都市中心部への通勤通学を目的とした利用を想定して運行されていることが多い。

●地域内には、マイカー移動を想定した店舗・施設等が立地しており、そうした施設等へのアクセスは徒歩で行くには遠かったり、途中起伏が激しい場合もあることから、日常生活のために必要な移動が困難になる高齢者等が増加すると考えられる。

〈サービス供給に関わる状況〉

- 公共交通事業者が存在。
- 住宅団地等では、通勤通学による利用を目的とした鉄道や主要幹線バスの利用減少が進み、運行の維持に課題が生じている場合がある。また、ドライバーなどの担い手も確保しづらい状況になっている。

ウ　サービス展開の方向性

- 近距離の移動手段として「ドアtoドア型」「ミーティングポイント型」による運行等が想定される。
- 日常生活に必要な店舗・施設が立地する住宅団地内や住宅地内等の区域を運行範囲として「定額乗り放題」のサービスを設定することが考えられる。
- 距離のある店舗・施設への移動が必要な利用者を対象に、より広いエリアを運行範囲とした、より高い料金プランの設定も考えられる。
- 高齢化に伴う地域の需要に応える新たなサービスとして既存のバス・タクシー事業者による展開が考えられる。ただし、利用者数の確保や運行効率の面で課題があり、採算性の確保が難しい場合には、自治体が運行に要する費用（システム、車両等）に対する補助や赤字補填を行うことが考えられる。

※サービスを展開する主体についてはあくまで一例を示したものであり、実際には、地域に現に存在する主体を活用してサービスを展開することとなります。

【ケースD】大都市中心部　人口密度：超高

ア　地域のイメージ

- 人口密度が極めて高く、コンビニ等も多数あり、一定程度歩けば、駅やバス停・店舗等へアクセス可能である。一方で、バス便は主要道路のみで住戸前は狭い道路のケースが多い。
- 再開発された場所は利便性が高いが、利便性が高くない場所も数多くある。

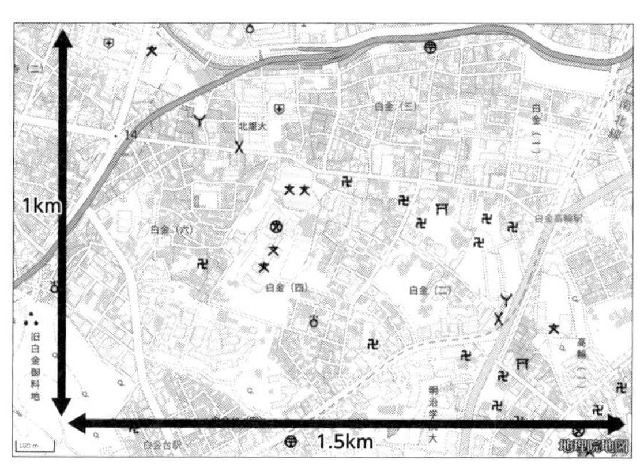

資料24　地域イメージ（大都市中心部）
出典：国土地理院ウェブサイト　国土地理院地図を加工して作成

※上記イメージは「東京都港区白金」を基に示したものであり、大都市中心部の中には上記イメージとは異なる地域も存在します。

イ　想定される地域の状況・見通し

〈人口動態等〉

- 人口・人口密度が維持されると考えられる。また、高齢化の進展により高齢者自体の数が増加することが見込まれる。

- 鉄道やバスなどの公共交通が引き続き充実し、公共交通の利用の度合いは高い状態が維持されると想定される。

〈移動ニーズに関わる状況〉

- 鉄道駅やバス停、店舗等の施設が比較的歩いて利用できる距離に立地していることが多い。しかし、高齢者等が歩ける場所に立地していない場合や身体的な理由から歩いて利用することが困難な場合も多く発生すると考えられる。
- そのため、日常的な買い物や通院のための店舗・施設までの移動や、鉄道駅やバス停までの移動で、既存のバス・タクシーでは難しい移動を支援するサービスが必要となると考えられる。

〈サービス供給に関わる状況〉

- 鉄道・バス・タクシーの事業者が複数存在。
- バス・タクシーは民間による事業として継続している。
- ドライバーなどの担い手は確保しづらい状況と考えられる。

ウ　サービス展開の方向性

- 近距離以外の中・長距離の移動は幹線交通による移動が想定されるため、住まい周辺の店舗・施設や最寄り・近隣の鉄道駅、バス停までを運行範囲に設定。
- 近距離の移動手段として「ドアtoドア型」「ミーティングポイント型」「定額乗り放題」による運行を想定。
- 住まい周辺の店舗・施設への移動や鉄道や主要幹線バスへの乗り継ぎなど、近距離の移動をカバーする新たなサービスとして、既存のバス・タクシーの事業者が展開。
- サービスが普及してくれば予約のマッチング成立率も高まり、サービスの利便性・効率性が高まる。

※サービスを展開する主体についてはあくまで一例を示したものであり、実際には、地域に現に存在する主体を活用してサービスを展開することとなります。

実現に向けた施策等

「新たなモビリティサービス」の実現に向けて、今後必要となる施策等を示します。

(1) 目標と施策の方向性

「新たなモビリティサービス」の実現に向けては、「新たなモビリティサービスが持続的に提供されている」ことが最終的な目標になると考えられ、そのためには、「サービス提供の収支バランスがとれている」、「サービスを提供する担い手が確保されている」「提供されるサービスが社会的に受容されている」状態を実現する必要があります。また、このうち、「サービス提供の収支バランスがとれている」については、「利用者数が確保されている」「適正な運賃が設定されている」「必要な公的支援や付加的収入策が実施されている」「可能な限りサービス提供に必要なコストが効率化されている」ことが必要となります。

これらを目標とした上で、その実現に向けた施策の方向性を「利用者・住民」「事業者」「自治体」の視点から、以下のとおり設定しました。

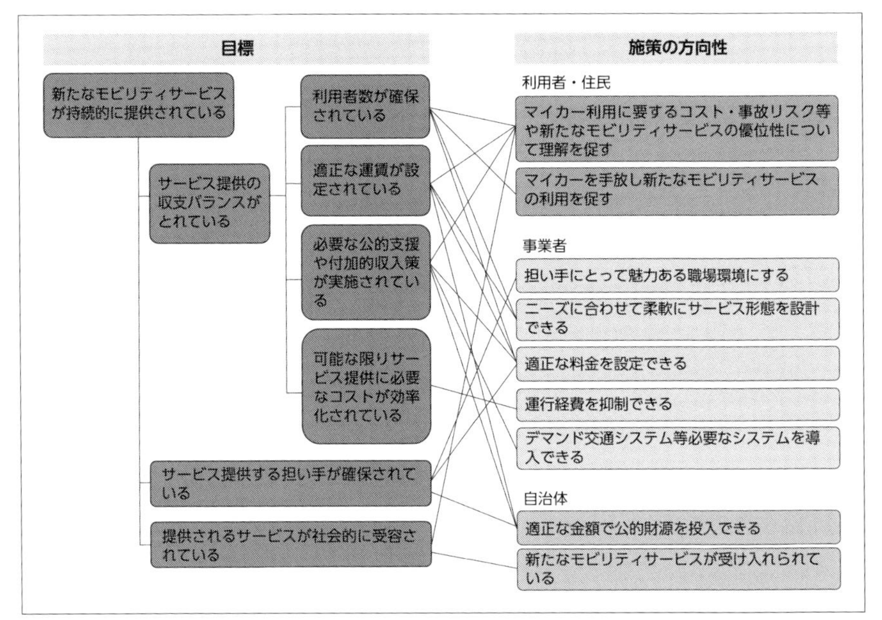

資料25　目標と施策の方向性

(2) 実現に向けた施策

施策の方向性から導き出される10の施策を、以下のとおり設定しました。

施策1	住民等へのサービスの周知	・サービスの説明会等の開催により、サービス内容やスマホアプリの利用方法の理解を促進するとともに、サービス利用による生活の質（QOL）の向上イメージを醸成する。
施策2	サービス利用への転換を促すコミュニケーション・インセンティブ付与	・免許返納の対象となる高齢者が実際の行動変容につながるよう、マイカーの維持費や事故リスクの高さに関して効果的なコミュニケーションを図るとともに、マイカーを手放すインセンティブ（料金割引等）を付与する。
施策3	目的地施設との共創の実施	・高齢者等のQOL向上につながるサービス利用を促すため、目的地である施設と共創し、施設利用促進策（料金割引等）を実施する。また、例えば、商業施設等が行うタイムセールと連動した運行の周知などにより、同時間帯に同方向に動いてもらうよう促すことで、乗合率を高める工夫を行う。
施策4	適正な給与・勤務体系の工夫	・例えば、朝夕のスクールバス運行等により、安定した収入を確保しつつ、昼間帯は当該サービスを実施するなど、運転者の適正な給与や勤務体系の工夫を行う。
施策5	他サービス等とのマルチタスク化	・過疎地域等における収益構造改善・担い手確保のため、貨客混載を始め、生活関連サービスや施設運営とのマルチタスク化を促進。その際、例えば貨物輸送の料金が旅客輸送の料金より高く設定できる可能性に留意。
施策6	デマンド交通システムの導入補助	・デマンド交通システムの導入費補助や、デマンド交通システムを所有・管理する自治体から事業者が借用可能となるようにする。
施策7	持続可能な料金の不断の見直し	・マイカー維持費の水準を意識して設定した持続可能な料金について、利用動向等を踏まえつつ、不断の見直しを行う。
施策8	データの一元的な管理・見える化	・費用、料金収入、公的財源やサービスの運行実態、利用状況等、運行に関するデータを一元的に収集して分析・見える化できる基盤を整備する。
施策9	実現可能性調査（FS調査）・社会実験の実施	・FS調査や社会実験について、従来以上の大規模な実施により、資料26中の各施策の取組等に関して、社会実装の可能性の有無を検証する。 ・また、FS調査を契機として利用者の外出率や分担率などの定量的なデータを適宜取得し、社会実装に活用する。
施策10	既存のバス・タクシー事業者との調整	・新たなモビリティサービスの導入にあたっては、既存のバス・タクシー事業者との適切な役割分担により、地域住民の利便性確保につながる交通体系を実現すべく、地域公共交通会議等の合意を踏まえた運行計画を策定する。

資料26　実現に向けた施策一覧

デマンド交通シンポジウム

高齢者等がマイカーに替えて利用できる自由度・利便性の高い移動手段を考える

■ 開催概要 ■

運輸総合研究所では、高齢者等の移動手段のあるべき姿の検討のため、「高齢者等の移動手段確保方策検討委員会」（座長：鎌田実　東京大学名誉教授）を設置し、マイカー運転による事故を減少させるため、マイカーを運転している高齢者等の「マイカー所有からサービス利用への転換」を掲げ、その方策として、マイカー運転の自由度・利便性に近い移動手段になり得るものとして「AIシステムを用いたデマンド乗合運行」を想定。その在り方等の検討を重ね、2023年6月に『高齢者等の移動手段確保方策に関する提言』を取りまとめたところです。

同検討委員会における検討成果を報告するため、2023年6月7日にシンポジウムを開催。AIデマンド交通がマイカー運転の自由度・利便性に近い移動手段として機能を発揮するに当たっての今後の展望等について、AIデマンド交通に関連する知見を有する有識者や事業者の方々にお集まりいただき、議論を行いました。

ここでは、シンポジウムのパネルディスカッションで発表された岡山県久米南町、ネクスト・モビリティ株式会社、郡山観光交通株式会社の3つの取組についての概要と、パネルディスカッションでの議論を掲載します。

【プログラム】

開会挨拶：宿利　正史　一般財団法人運輸総合研究所 会長

基調講演①：地域公共交通の「リ・デザイン」

鶴田　浩久　国土交通省 大臣官房 公共交通・物流政策審議官

基調講演②：今後のモビリティを考える

鎌田　実　東京大学名誉教授　一般財団法人日本自動車研究所 所長

提言報告：高齢者等の移動手段確保方策に関する提言報告

春名　史久　一般財団法人運輸総合研究所 主任研究員

パネルディスカッション

コーディネーター：鎌田　実　東京大学名誉教授　一般財団法人日本自動車研究所 所長

パネリスト：鶴田　浩久　国土交通省 大臣官房 公共交通・物流政策審議官

木多　央信　岡山県久米南町 税務住民課 主任

藤岡　健裕　ネクスト・モビリティ株式会社 代表取締役 副社長 兼 CSO

山口松之進　郡山観光交通株式会社 代表取締役

河崎　民子　特定非営利活動法人全国移動サービスネットワーク 副理事長

森　雅志　前 富山市長、富山大学 客員教授

吉田　樹　福島大学経済経営学類 准教授、前橋工科大学学術研究院 特任准教授

閉会挨拶：佐藤　善信　一般財団法人運輸総合研究所 理事長

※肩書きは2023年６月当時

１．取組紹介

その１（岡山県久米南町）
「岡山県久米南町の事例紹介と自己紹介」

木多　央信　岡山県久米南町 税務住民課 主任

岡山県久米南町は、人口4,500人程度で高齢化率が45％を超え、また、町の大きさは縦横それぞれ10km程度で、広い範囲に低い密度で人が住んでいます。

2013年当時はスクールバス兼コミュニティバスがあるだけで、民間路線バスはまったくなく、タクシー事業者もいませんでした。元々

岡山県久米南町の事例紹介と自己紹介

各ゾーンと町中心部とを運行するドアツードア型で運行開始

初代カッピーのりあい号の課題

- 1・2便は、前日予約のため、3・6便に利用が集中し非効率。
- 往路復路とも時間帯の制約があり利用しづらい
- ゾーン外への予約方法が分かりにくい

往路便（行き）

1便	8:30頃
3便	9:30頃
5便	11:30頃
7便	12:30頃
9便	14:30頃
11便	15:30頃

→ 弓削中心部

復路便（帰り）

2便	9:00頃
4便	10:00頃
6便	12:00頃
8便	13:00頃
10便	15:00頃
12便	16:00頃

→ 各地区

9時台と12時台の便に利用か集中

（人）2,500 2,000 1,500 1,000 500 0

8 9 10 11 12 13 14 15 16（時）

時間帯別利用者数（2018年度）

ゾーン誕生寺
誕生寺中心部
ゾーン弓削
ゾーン竜山
弓削中心部
ゾーン全間
神目中心部
ゾーン神目

利便性向上と運行効率化による効果

（人）2,500 2,000 1,500 1,000 500 0

8 9 10 11 12 13 14 15 （時）16

平準化

2018年度
2020年以降

時間帯別利用者数

- 特定時間帯への**集中が緩和。**
  - → 車両数を6台から5台に**削減**することが可能に
- 車両台数を削減により、約600万円の経費削減効果が生まれた。
- 削減した公的負担額の再配分により、**土日祝日の運行、運行時間帯拡大**が可能に。

運行曜日

Before　平日　8：00～17：00

▼

After　平日　7：30～18：30
　　　土日祝　8：00～17：00
※年末年始を除く

車両台数

Before　平日6台

▼

After　平日5台（木曜のみ3台）
　　　土日祝　3台

運行効率化により、さらなるサービス水準向上が実現

資料1　説明スライド（出典：木多 岡山県久米南町　税務住民課主任　説明資料より抜粋）

あったバスは、利用しづらい状況であり、事前予約制、定時運行のデマンド交通の導入を検討、運行を開始しました。一定の利用もあり、満足度も向上していましたが、便によって利用が集中し、利用の多い時間帯に合わせて車両台数を用意すると費用がかかることや、定時運行のため、利用したい時間帯に便がないなどの課題が発生しました。

そこで、利便性・効率性向上のため、トヨタ・モビリティ基金の助成を受け、AIを活用した予約配車システムを導入し、これにより、利用したい時に町内どこへでも行けるようになりました。便が限られていたため、特定時間帯の利用に集中していたのが、事前にアンケート等で確認をしていたとおり、どの時間でも選べるようになったことで、それが緩和され、結果、必要車両台数も、毎日６台のところ、最大５台、曜日によってさらに少なくすることが可能となりました。

利用者数も年々伸び、システム導入前後で比較すると2.1倍に増加、また、一利用当たりの経費も大幅に改善され、さらに、乗合率も年々増加。AIシステムを導入するだけで、利用増・経費削減の救世主になるのかという質問をいただきますが、本町にとっては、直面する状況とマッチしたのでそれが救世主になり得ましたが、あくまでもツールの一つであり、システム導入も含め、適切な運行形態や経費の見直しを図ることによって初めて改善を実現できます。また、本町の場合、事業者がいなかったからできたのではないか、と聞かれますが、これに対してはそのとおりであり、事業者がいない、という課題に対して取り組んできた結果、今の形になりました。

その２（ネクスト・モビリティ株式会社）
「AI活用型オンデマンドバスへの取り組みについて」

藤岡　健裕　ネクスト・モビリティ株式会社 代表取締役 副社長 兼 CSO

高齢者移動の課題も含めた路線維持の問題と交通事業者における乗務員不足という２大課題に対して、モビリティサービスという形で地域に貢献することを目的に、AI活用型オンデマンドバスを提供する新たな事業を開始。まずは自主運行することにより検証し、かつ、オペレーションレベルをブラッシュアップした上で、2020年から全国

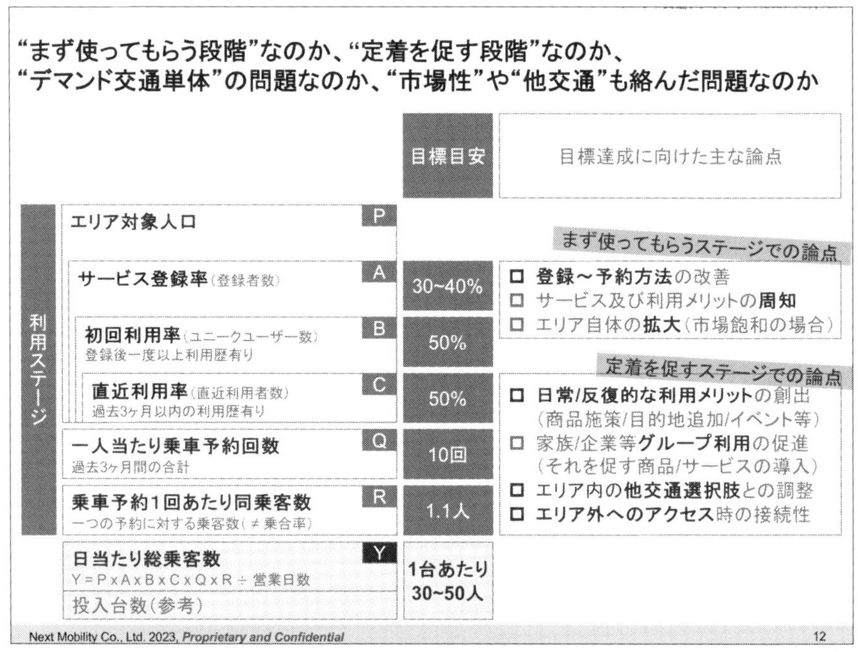

資料2　説明スライド（出典：藤岡 ネクスト・モビリティ株式会社 代表取締役 副社長兼CSO説明資料より抜粋）

的な提供を開始しました。

当社の最大の特徴は、システム屋ではなく、西日本鉄道の他、様々な交通事業者出身の方が集まり、「どういう交通があるべきなのか」ということを、交通事業者の目線で自治体に寄り添って提供しているところにあります。

現在、全国13か所で展開。加えて、10か所ほど立ち上げに向けて進んでおり、年度内に20数か所になる予定。活用のパターンも増えており、壱岐南もそうですが、最も多いのは郊外の住宅地です。その他、都市型や、市の全域100～200㎢の広大なエリアなど、幅広く展開しています。

台当たり人数が多ければ多いほど経済効率が良くなりますが、現在台当たり・日当たりでは、サイトによって異なりますが、平均30～40人程度で推移しています。利用者をどう増やすかということについて、サービスを使ってもらうステージや利用定着を促すステージ等、各ステージにおいて打ち手が異なるため、エリア対象人口、サービス登録者数、初回利用者数、直近利用者数、１人当たり乗車予約回数等の数字を見た上で、それぞれのステージにおいて、どの段階に到達しているのかを見極め、打ち手を変えていくことが利用客増に繋げていく上で重要です。

２～３年継続して、安定的に走っている車両・サービスがないと、高齢者のマイカー転換が図られないため、重要なことはサービスの継続であり、そのためには、事業性の担保、利便性が必要です。そして、何より、運行開始はスタート地点であり、そこから、いかにマーケティングして、お客さんに乗っていただくか、ということが一番重要です。

その３（郡山観光交通株式会社）
「定額乗り放題サービス「ヤマグチくん」～交通インフラを超えた地域サポート～」

山口松之進　郡山観光交通株式会社 代表取締役

当社は、タクシーだけでなく介護、バス、旅行等、グループ経営を行っています。定額タクシー事業は2023年で5年目。安積町内４～5km四方を１万円、郡山市内15kmから20km四方を３万3,000円で乗り放題とし、エリアを超えた所は回数券で利用できます。現在は電話で募集・予約を行っており、関連会社の旅行会社から郡山観光交通へ委託をする形でタクシーを運行しています。

累計会員数は2023年3月までで累計116人となっており、80代が一番多いです。1利用当たりのタクシーメーターとの差額率は、定額

 タクシー「定額乗り放題サービスヤマグチ君」の基本コンセプト

“かゆいところに手が届く”

「安いタクシー」を作るのではない
「便利なタクシー活用法」を創出して
既存自家用車利用からの転換を図る。

「車」の「輸送サービス」から
「人」の「コミュニケーションサービス」へ
→「ヤマグチ君」はそのメッセージ

資料3　説明スライド（出典：山口 郡山観光交通株式会社 代表取締役　説明資料より抜粋）

安積町、定額郡山市内、回数券で価格と範囲は異なるものの、共に約55％に収まっていることが特徴的です。また、定額なので、「近くても全然問題ない」と声かけをし、500m以内が8.3%、1km以内が25.3％の利用です。

利用目的は、生活に必要な場所が多いですが、趣味、温泉等の外出も多く、回数を重ねるほど、楽しみのための外出の比率が高くなる傾向があります。

重要なのは、タクシーが安くなるのではなく、タクシー以外の需要を、このタクシーを使ったサービスに転換すること、新規需要を喚起することですが、サービス利用者へのアンケートによると、ヤマグチくんを利用する以前、約80%が、自家用車、家族や友人、路線バスを利用しており、タクシーは9%となっていて、ヤマグチくんで新しい需要を喚起できている、と自信を深めています。

定額タクシーはいきなり生まれたのではなく、介護タクシー事業、高齢者を連れ出す送迎付きの旅行ビジネスと展開し、その延長線上に、より近いところの外出を旅のように設定していく、ということでこのサービスを実施しました。

商品名を「ヤマグチくん」としたのは、「あなたのためにお抱え運転手が来ますよ」というメッセージ。「車を捨て、免許を手放したら、人生が豊かになった」。そんなシナリオに向けて、我々は取り組んでいます。

２．パネルディスカッション

本シンポジウムでは、鎌田氏をコーディネーターとして、AIデマンド交通がマイカー運転の自由度・利便性に近い移動手段として機能を発揮するに当たっての今後の展望等について議論を行いました。要旨は以下のとおりです。

ラウンド１：利用者サイドからみたデマンド交通

【鎌田コーディネーターのご発言】

・利用者サイドからみて、どんなサービスだったらもっと使えるのか、あるいはマイカー利用から転換がどんどん進むのか、などについてお話しいただきたい。

・利用者は10倍になるが車の台数が5倍で済めば、効率良く回るものが目指せるかもしれない。それくらいをゴールに設定して、ディスカッションしていきたい。

【吉田講師のご発言】

・先行事例を模倣して、やった気になっている地域がないか。交通単体で採算を取るのではなく、地域全体として黒字となればよいが、

ラウンド1

- どのようなサービスであれば，使ってみようと思うか
- 使い勝手，オンデマンド性，料金，など
- マイカーからの転換の決め手は
- マイカー維持費をどう考えるか
- 今後のカーボンニュートラルの動きをどう考えるか
- 乗り合いとなることをどう受け止めるか
- バスとタクシーの間の位置づけをどうみるか
- 定額制(サブスクリプション)
をどう考えるか

資料4　説明スライド（ラウンド1）

とはいえ、コミュニティバス100円、デマンドバス300円、と自治体がコミットするからこの相場、となってしまうと先に進まない。今日のシンポジウムを一つのきっかけに、デマンド交通の導入についても、リ・デザインしていくことが必要。

・家計調査の数字から明らかなように、小規模自治体、地方に住むと、車の維持にお金がかかるが、それでは若い世代は住んでくれないし、出て行ってしまう。都市や地域の生き残り戦略として、交通、そしてデマンド交通をどう位置付けるのか、考えていくべき。

【森講師のご発言】

・富山市で「おでかけ定期券」というICカードを配っている。どんな遠くから乗ってきても中心商店街で降りると100円とお得感があり、交通事業者に年間で1億円超の運賃が入ってくるが、富山市は

この事業に1億円の補助金を出している。調査によって、これを使って頻繁に外出する人の医療費が低く抑えられている、というデータが出ているが、外部不経済の低減等をデータで示していくことにより、公費負担の妥当性の議論もできる。

【山口講師のご発言】

・介護が必要な方のお宅に行くと、近所、家族との付き合いがない、1人で家にいる、という状況。外出したい、という気持ちが消え、外出することすら考えなくなる。定額乗り放題という仕組みの先に楽しみがあってこそ、交通は活きる。例えば、宅配で物が届いても物を選んではおらず、スーパーに行って物を選び、色を見て、匂いを嗅ぐなど、外に出ると五感の刺激がある。

【藤岡講師のご発言】

・どんなに便利で良い交通であっても、継続的に、日常の足として使える、という安心感がないと移行されない。そのためには自治体として、その地域に対してその交通をどれくらいの期間で運用していくかといった、大きな計画を策定すべき。

・高齢者にとって電話はわかりやすいが、電話オペレーターを四六時中置くとコストがかかるので避けたい。福岡県宗像市では、最初、アプリの利用率が5割くらいだったのだが、今8割まで上がっている。オペレーターがいない土日、連休で、このサービスを使うのであればアプリに登録したらどうか、とオペレーターが利用者に話をし、また、アプリの登録に当たっては、自治体が地道に説明会を開いて使い方を教えている。3か月、半年といった実証実験ではそのアプリの利用率にならないが、1年、2年と継続すると上がっていく。

【木多講師のご発言】

・過疎地域の場合、分母が少ないので、利用の仕方に偏りがあり、毎日5回、6回乗っている人もいれば、週2回買い物に行く、という人がいる。定額の価格を設定する場合、その額をどこに設定するべきかが難しい。午後の余力のある時間帯のみ使用が可能な定額制等、時間帯や曜日を区切って、という形はあり得る。

【鎌田コーディネーターのご発言】

・過疎地域に限らず、使われ過ぎる場合と、使われ過ぎることを念頭に置いた高価格のため、あまり使われない場合がある。例えば、月に最大100回使用可能としつつ、料金を数万円とし、一方、月に20回で、2000～3000円とするなどの設定により、課題がクリアできるところもあると思う。

【鶴田講師のご発言】

・マイカーでは知らないうちにお金を払っていて、まるでガソリン代だけ払って乗っているような「錯覚」を実現しており、そこをどう、交通サービスでも実現してお金を回せるか、ということが肝と思う。

ラウンド2：供給サイドからみた成立性

【鎌田コーディネーターのご発言】

・利用者サイドからのニーズに合った形でモビリティサービスが提供できると、マイカーからの転換量は今と比べものにならない量になると思われる。それに対し、車何台で対応したらよいか、ドライバーは確保できるか、車の台数が増えると効率的に相乗りが可能かなど、色々な観点で供給サイドからお話しいただきたい。

【山口講師のご発言】

・利用者が10倍になった時に台数を5倍で収められるのか、というのがタクシー会社によるサブスクがビジネスとして成り立つかどうかのラインになる。これを今はアナログでやっているので10倍の量をさばくためには、IT化、運行上の効率化が必要。

ラウンド２

- マイカーからの転換層が多数利用するモビリティサービスは実現可能か
- ＡＩオンデマンドは本来多数の需要と多数の車のマッチングをするもの
- マイカーからの転換層が使うと飛躍的に利用が増え，収入も増えるはず

　既存のバスやタクシに代わる交通事業の新たな展開にしていけないか

　事業性の向上で，ドライバ確保等が容易にならないか

- 利用回数や利用距離の上限に応じて，きめ細かな料金設定

　バスとタクシーの中間の位置づけ。利便性も料金も

資料５　説明スライド（ラウンド2）

【藤岡講師のご発言】

・モビリティは、地域において、例えば、医療、福祉、生活の移動、QOL等をそれぞれにおいて高めるための移動の手段でしかない。自治体による交通事業は、それ単独での採算ではなくて、いかに周辺の分野に波及効果を及ぼし、それを定量化するかが重要な視点となる。自治体全体が縦割りであるため、例えば、乗合事業、福祉、民間企業の送迎、個人の送迎といった車両が全部個別に保有され、稼働率が低くなっているが、横串的なファンクションを担う組織が、交通と連携しながら、共創を図るべき。

【木多講師のご発言】

・基本的に過疎地域で黒字化は非常に考えにくく、その中でいかに効率化しつつ利便性を上げていくかで今までやってきた。利用者が増え過ぎてパンクするという時に、過疎地域の場合、ドライバー等の人材確保は非常に困難であるため、需要の分散化に向け、利用時間

が集中しないよう利用者にオフピーク時間への変更を提案したり、サロンやデイサービス等のサービス提供時間の変更等をお願いしたりしている。

【吉田講師のご発言】

・デマンド交通では規模の経済性での勝負は難しく、定路線的なサービスと面的なサービスのシームレス化が、システム側・ソフト側で解決してくれる可能性はある。安積町は、平均トリップ長が2km、大体4km四方くらいの中で用足しができるので、会員数も増やすことができたが、例えば、20km四方での運行において、利用者が何倍にもなる、という場合、車両の効率性は高くならないので、郡山市と同じようにすることは厳しい。東北だと、最近は高齢者人口も減り始め、高校統廃合だけでなく、病院の統廃合もあり、通院が遠距離となると、AIオンデマンドだけでサービスがカバーできるわけではなく、路線的なサービスとの合わせ技まで視野を広げる必要がある。モビリティ・アズ・ア・サービスとして、複数の手段を一つのサービスに見せることが肝になってくるが、IT技術の進化でそれが進むとよい。

【森講師のご発言】

・民業として成立しないところの移動、特に高齢者の移動をどうするかというときに、どこまで公費を投入することが妥当なのか。例えば、外出が増えると、民間が投資を活発化させ、結果、地方交付税との相殺はあるが、固定資産税や都市計画税のリターンが大きくなってくるので、こういうものを財源としながら、交通政策、なかんずく、中山間地の過疎バス等に充てていくんだ、ということを現場でしっかり話すことが大事。

【鶴田講師のご発言】

・スクールバスや病院バス等にも税金が投入されているわけだが、それを同じテーブルに載せてみて、トータルの行政の負担はいくらか、そのお金があったら何ができるか、それを減らしてもよりよいサービスが提供できるか、学校や病院等の時間をずらしてバスを兼用できないか、ということを協議ができるようになるとよい。先ほどの分散化の話にも繋がるが、例えばデイケア、病院、学校等、大体時間が決まっているが、お互い時間をずらせば、1台の車で2つの役割ができるようになる、ということまで含め、話し合えるとよい。

【藤岡講師のご発言】

・分野ごとの稼働、不稼働車両を洗い出してミックスさせるという取組は進んでいる。当社の事例でも、元々、予約型の乗合タクシーとスクールバスが別々の車両として走っていたのをAIデマンドで統合している地域もあるが、それにより、全体として稼働台数を減らして、率を引き上げることが可能。すべての車両、すべての移動をAIがカバーすることは不必要だと思うが、例えば人流調査を自治体が全域で実施し、把握した人流データを基に、ここは括れる、括れない部分に関してはセーフティーネットでカバーする、といったことを検討することによって、全体としての稼働率を引き上げ、分野間の統合ができると思う。

【河崎講師のご発言】

・高齢者が外出し、交流をして食まで確保できると、介護予防や健康維持に関して大変効果があると思っている。しかし、地域が主体でやっているサロンや体操教室の送迎、乗り合って買い物に行くといった現場では、どの写真を見ても圧倒的に女性が多い。男性の方はドライバーとして支える側には手を挙げてくるが、自分がサービスを利用するところではほとんど出てこない。本日取組紹介のあった事例では、男女比は女性の利用が多く、男性3割くらいとのことであるが、もっと男性の利用を増やすことが必要。

【山口講師のご発言】

・民業圧迫や自治体がやるべきか民間がやるべきか、という議論があるが、私は民間代表なので、まず自分で利益を出す努力をしていることをお伝えしたい。ただタクシー事業は大変厳しいし、民間の多くの中小企業も厳しい状況であり、自治体にはそこを支えてほしい。それはお金を入れるだけではなく、告知協力だけでも全然違う。自治体は、「民間がやっているから関係ない」ではなく、地域の民間企業の取組に関心を持っていただき、何を自治体がやるべきか、民間の努力をどう支えるのか、と考えることが必要。

ラウンド３：今後のアクション

【鎌田コーディネーターのご発言】

・モビリティサービスの実現に向けて、また、もう少し長期的な視点で、当面、どのようにしていったらよいのか、また自分たちはこうしていく、という決意表明のコメントを１人ずついただいて、ディスカッションのまとめにしたい。

【吉田講師のご発言】

・短期的と中長期の２層の戦略が必要。例えば、今、目の前にいる高齢者に、どんな移動手段がほしいか、という話をしても、なかなか想像ができないが、郡山観光交通の場合にはコンシェルジュがそういうところを後押ししている。短期的にはそういったアプローチが重要だが、利用者が増えるとオペレーション自体が大変になるので、信頼感を持たせるところは引き続き人がやり、ある程度、平準化できるオペレーションはシステマティックに行うとよい。一方、中長期としては、まちをどのように楽しい空間とし、そこにモビリティや新技術をどうなじませていけばよいのか、考えていく必要がある。

ラウンド３

- 中長期的視点では，カーボンニュートラルや人口減少が大きな課題
- 電動車は高い。合成燃料も高い。
- これまでのようにマイカー所有型からサービス利用型への転換
- 自動車産業はCASE対応で，１００年に一度のモビリティ革命の時期
- 人口が大きく減少する日本におけるモビリティやまちづくりの姿は？

資料６　説明スライド（ラウンド3）

【森講師のご発言】

・62の中核市全部の2021年度の一般会計の当初予算における、交通に使っている予算額を調べたことがある。ソフトだけを切り取り、一覧にしてみると自治体によってまったく違い、QOLを上げるために交通を大きく予算化している自治体と、そうした予算をまったく使っていない自治体がある。人に人格があるように、都市格というものがあるとすると、交通がしっかりしているところは格が高いまちであり、それが人口力・産業力にもなってくると思う。多くの自治体関係者の方には、そういう観点でも考えてもらいたい。

【河崎講師のご発言】

・人生100年という長寿社会の中で、健康と介護予防、とりわけ食の問題、交流、生きがいづくりが求められていると考える。足は確保できても行きたい所がなく、高齢者があまり外出しない傾向があるが、出かけたくなる仕組みや仕掛けが必要であり、特に男性は1日

1食バランスのとれた食事ができるカフェなど、食事と交流、拠点の組み合わせが必要。高齢者等が出かける、健康を維持し、交流でき、孤立化を防ぐような、誰も取り残さない地域社会をつくっていくことが大事。団塊ジュニアが50歳くらいになっており、そこもこれから大きなボランティア集団として期待ができるので、ますます色々な方法を模索していきたい。

【鶴田講師のご発言】

・物流分野において、トラックのドライバーが不足する中、積載効率を上げるために、何十台のトラックをどのように配車すると一番少ない人数でできるか、ということをビジネスとして取り組んでいる方もたくさんいるが、人力で積付・配車計画をつくると2時間かかるところ、量子コンピューターを使うと処理スピードは約200倍である、という話がある。そういったビジネス領域で進化してくる技術を、こういう公費投入が切っても切れないような分野で使っていくと可能性が開けてくると思った。AIオンデマンドについて、この研究で提示したサービスレベルまでやるというのは、まだ誰も見たことのないシステムなので、まずはスモールスタートでも良い事例が出ると、弾みになると思う。

【山口講師のご発言】

・定例で本人だけではなく、家族の方にも、利用者本人の変化についてアンケートをとっており、家族の喜びの声をいただいている。本人が満足、というだけでなく、我々は家族の皆さんにしっかりサービスを理解いただき、その人にお勧めをする。免許返納は簡単なことではないので、安心していただくため、ご両親がこんな外出をしていますよ、という家族の皆さんへの情報の共有もしている。地方の単身の親を心配しつつも、自分が田舎に戻れない時に、我々がお父さん、お母さんを見守りながら、お金は東京にいる経済力のあるご子息に払っていただく、といった地方と東京の関わり方、家族の関わり方に繋がるサービス展開が今後提案できたら、と思っている。

【藤岡講師のご発言】

・都市格を自治体同士が競い合う状態をどう実現していくか。都市格のために、公費で一定の規律をもってインフラ整備を行う。そして、都市格を上げていくために、自治体が、自治体の領域だけでなく、民間の持っている交通リソース等も含めて、全体として民間事業者と一緒にその地域の交通計画を立てる、ということを今後やっていくべき。当社としては、デマンドの知見および路線に関する知見で、自治体の計画策定をお手伝いするという形で社会に貢献していきたい。

【木多講師のご発言】

・より良い交通をつくり上げていく上で、まずは自分の地域がどういう状況なのかをフラットに考えることが必要。本町の場合、デマンド交通が始まる前、外部に対して交通の便が良い、というアピールをしていたが、1時間かけないと県庁所在地から着かない、最寄りのもう少し大きい市まで30分かかる、という状況で交通の便が本当に良い、と思って言っていますか、というところからスタートした。先ほどの、スクールバスと一緒にするという話も、地域の規模感や状況と照らし合わせたときに、本町の場合は、明らかに一緒にしない方がよかった。常識とされていることに関して、本当にそれは自分のところに当てはまるのか、ということをしっかり考えた方がよい。

第２部に掲載している内容のうち、

「高齢者等の移動手段確保方策に関する提言」については、

https://www.jttri.or.jp/202306_Elderly_People_teigen.pdfで、

「デマンド交通シンポジウム」については、

https://www.jttri.or.jp/events/2023/symposium230607.htmlで、

ご覧いただけます。

また、第２部に掲載している内容に関連する論文

「地域特性が異なる各地域のデマンド交通の事例における利用者増加を

もたらした要因ならびに課題について」については、

https://koutsu-gakkai.jp/data/2024/kikan-2024.pdfで、

ご覧いただけます。

高齢者等の移動手段確保方策に関する提言

デマンド交通シンポジウム

地域特性が異なる各地域のデマンド交通の事例における利用者増加をもたらした要因ならびに課題について

第3部

【対談】
モビリティの革新による
自由な移動の獲得

過疎地域でのオンデマンド交通（永平寺町の近助タクシー）

モビリティの革新による
自由な移動の獲得

モビリティジャーナリスト
楠田　悦子

一般財団法人運輸総合研究所 会長
宿利　正史

モデレーター
東京大学名誉教授　一般財団法人日本自動車研究所 所長　**鎌田　実**

2023年10月13日、移動困窮の問題に、国土交通省で自動車交通局長、総合政策局長などを務める中で関わってきた宿利正史氏、モビリティジャーナリストとして関わってきた楠田悦子氏のお二方による対談を実施し、移動困窮社会にならないようにするためにモビリティの在り方をどうしていくべきか、これまでの経験や知見などを踏まえて語っていただきました。

社会課題の解決のためにモビリティを考える

鎌田：今日は、未来のモビリティについて、運輸総合研究所会長の宿利正史さんとモビリティジャーナリストの楠田悦子さんに今後のモビリティについて自由に語っていただきたいと思います。

楠田さんは、著書『移動貧困社会からの脱却 免許返納問題で生まれる新たなモビリティ・マーケット』において、モビリティについて問題提起を行っていますが、どういう経緯でこの問題に興味を持たれたのでしょうか。

楠田：私は兵庫県出身なのですが、生まれ育ったのは、公共交通が貧弱で自動車への依存度の高い地域でした。家族には高齢の祖父母や障がいのある姉やいとこがいるのですが、高齢者や障がいのある方は特に、車がないと移動が本当に難しいことを感じていました。

転機になったのは大学生の時です。「社会で活躍できるような人になりなさい」という母の教えのもと、スイス留学に送り出されました（笑）。そこで、障がいのある方が、私と同じように自由に移動をして、自分らしく暮らしているのを目の当たりにしました。移動において障がいの有無を意識させるようなシーンがほとんどなかったように感じます。社会の仕組みがうまくつくられているというのは、こういうことなのかと肌で感じました。

鎌田：移動に困難を抱えた家族が身近にいらしたこと、そして、すべての人にモビリティが確保されたスイス社会を経験したことで、日本の社会、モビリティを変えていきたいと考えたということでしょうか。

楠田：はい。大学院に進学してモビリティの問題を学ぶことも考えましたが、社会人として日本の社会、モビリティに関わっていく方が魅力的に思えて、神戸にある株式会社自動車新聞社に就職。タクシー会社やワンコインタクシーの取材等で経験を重ねさせてもらい、2013年にモビリティジャーナリストとして独立しました。

ジャーナリストとして国土交通省や業界の方と直接お話しする機会があるのですが、少子高齢化等の社会問題とモビリティの問題がつながっていることを感じます。近年は、「社会課題を解決するために移動手段をどう使っていくか」ということに着目して、まちづくりを考えていく中に、新たなモビリティ・マーケットがあるのではないかということを訴えつつ活動しています。

高齢者の方々が免許を返納しても移動の代替手段がない状況を「移動貧困」と考えていて、パーソナルモビリティなどの新たなモビリティをうまく使って外出できる社会、マイカーに過度に依存しない社会にしていく必要がある、というのが問題意識としてあります。

宿利：「社会課題の解決」というところに焦点を置いてモビリティを考えられているのは、とても素晴らしいと思います。交通行政の現場では、往々にして交通・運輸サイドの立ち位置から問題を考えることが多いのが実状です。運輸総合研究所の中でも、ともすれば「モビリティや交通をどうするか」に焦点を置いて議論を行いがちです。しかし、本来は、「何のために」モビリティや交通を「どうするか」、を中心に据えて考えるべきです。

人口減少・高齢化が進み、色々なことが不確実化し、流動化している今の世の中では、地域にも様々な社会課題が顕在化しています。そうした状況の中で、モビリティや交通はどういう貢献ができるのか、モビリティや交通の課題を解決し、改善することで、どのような社会課題の解決や改善に役立つことができるのか。行政や運輸総合研究所は、そういった目的意識を明確に持って取り組まなければならないと思っています。

鎌田：宿利さんは長年、行政でキャリアを重ねてこられました。そのキャリアの中で、移動困窮社会に対する問題意識はいつ頃から感じられていたのでしょうか。

宿利：私は1974年に当時の運輸省に入省しました。入省当時は交通運輸行政について特に明確な目的意識を持っていたわけではなく、強いて言えば、乗り物や旅行や、海外にも興味・関心があったので運輸省に勤務することになったのですが、今振り返ってみて、とても幸運だったと思います。運輸省、そして国土交通省に、38年半にわたって勤務しましたが、この間一度も仕事がおもしろくないと思ったり、また、退屈に感じたりすることはありませんでした。在インドネシア日本国大使館や内閣法制局など他省庁にも出向しましたが、いずれの立場でも交通運輸と関係する仕事が中心でしたので、陸・海・空の交通運輸、観光、海上保安、気象、とそれぞれ国家的・社会的意義の大きな課題への対応にずっと関わってきました。行政の立場を退いた今でも、その延長線上で活動をしています。

本対談のテーマである「移動困窮」を実感したのは、2005年に自動車交通局長になって仕事を始めた直後です。

実はその前年の2004年に、2000年と2002年に施行されたバス・タクシー事業についての需給調整規制の廃止などの規制緩和後、公共交通サービスの低下や、安全上問題のある事業者に対する行政指導や監査の目が行き届かなくなった、といった行政の現場における問題を耳にする機会があり、事態が悪化しつつあるのを感じている中で自動車交通局長に就任しました。

鎌田： 自動車交通局長となって最初に何を手掛けたのですか。

宿利： まず福祉輸送に関する政策です。要介護者などのいわゆる移動制約者をドアtoドアで輸送するサービスは、それまでは、高齢者福祉に関するNPOなどにより、ボランティア福祉有償運送として例外的に許可を得て限定的に行われていましたが、これを例外許可ではなく法的に明確に位置付け、福祉有償運送の普及充実を図ることとしました。具体的には、全国の各地域で移動に困っている要介護者や高齢者などがたくさんおられるにも関わらず、タクシー事業者による福祉タクシー等のサービスが十分ではなく、一方で、自家用車を使った有償運送はいわゆる「白タク行為」に該当するということで、NPOなどによる福祉有償運送は例外許可の取得を前提として認められる、といった状況だったのです。そうした課題を解決するため、直ちに検討委員会を設け、福祉有償運送を安全・安心なサービスとして安定的に普及させるための法的な仕組みづくりについて議論することとしました。その結果、2006年に道路運送法を改正して、「自家用有償旅客運送制度」を創設しました。この制度には、福祉有償運送サービスとともに、過疎地域など交通空白地域における生活輸送サービスも対象とすることとしました。

道路運送法の改正において、私が同時にもう１つ手掛けたのが、コミュニティバスやデマンドバス、乗合タクシーといった新しい輸送サービスの普及促進を図るための、乗合バス事業の対象範囲の拡大と運賃規制の緩和です。既にこの当時、コミュニティバスやデマンドバス、乗合タクシーなど、地域の需要にきめ細かに対応する乗合サービスを提供する事例が多数登場していました。一例を挙げれば、武蔵野市が運行する「ムーバス」が代表例ですが、当時の道路運送法では、デマンドバスや乗合タクシーのような定期定路線運行ではない乗合サービスについては、貸切バスの例外として乗合運送の許可を必要とする、といった具合で、法律とその運用が新しい輸送サービスの導入・普及の足かせとなっている実態が確認できました。そこで、別途新たに検討委員会を設け、そのような新しい輸送サービスについて、地域の関係者と連携・協働して公共交通として安定的なサービスを確保する観点から議論を行い、その結果、コミュニティバス、デマンドバスや乗合タクシーを乗合バス事業として法的に明確に位置付けることとしました。併せて、地域の関係者から成る「地域公共交通会議」の合意があれば、コミュニティバス、デマンドバスや乗合タクシーの運賃・料金について事前の届出でよいことにしました。

楠田：タクシー業界に取材をすると、需給調整規制の縛りの中、需給バランスが崩れてきたり、都市部以外では商売として厳しい状況にあるという声をよく聞きますし、業界を守っていくための政治力も持っている、と感じます。そうした中、業界の方を束ねながら、新たな制度をつくっていったご苦労は相当のものだった、と想像します。

宿利：タクシーには本来ドアtoドアの個別輸送という強みがあり、タクシー業界には、今のような時代にはもっと頑張ってもらいたいですし、その可能性は十分あると思っています。

楠田：タクシーのニーズは伸びていて、供給が追い付いていません。バスだと家の前まで来てもらうことはできませんし、介助してほしい、荷物を運んでほしいといったニーズにも対応しきれないでしょう 。今後もタクシーのマーケットが拡大する可能性はあります。 タクシードライバーのなり手不足等を考え、タクシー会社が普通免許ドライバーを雇用するなどの日本版ライドシェアの検討が急ピッチで進んでいます。今後も海外を参考にしつつ、日本のこれまでの政策や実情にあったかたちで、送迎に関する法律の様々な緩和や見直しが進むことでしょう。

タクシーは公共交通か

宿利：私が自動車交通局長になった時、挨拶に来られたタクシー業界の幹部の方々から「タクシーを公共交通機関として認めてほしい」と言われたことがあります。私は、タクシーも当然公共交通機関だと思っていたのですが、業界の幹部の方々の意識としては公共交通機関として十分認められていないと思っておられたようで、驚きました。その後、タクシー業界の方々と自家用有償旅客運送制度の創設について議論をする一方で、規制緩和後３～４年たって、タクシーの車両台数が増加した結果、タクシー会社の経営の悪化や個々のタクシー運転手の収入の減少などの問題が出てきたことを背景として、業界から規制緩和の見直しに関する要望を受けるようになりました。そこで、タクシー産業の将来ビジョンを一緒に検討しましょうということで、検討のための委員会を立ち上げました。委員として、タクシー業界の重鎮の皆さんから若手経営者や運転手の組合の代表まで広く参加していただき、随分と議論を重ね、2006年7月に交通政策審議会自動車交通部会「タクシーサービスの将来ビジョン小委員会報告書」を取りまとめました。この報告書の最も重要なメッセージは、「今後タクシーが進むべき将来ビジョンは、公共性の高い『総合生活移動産業』への転換を図ること」です。ドアtoドアで24時間地域内を動き回るタクシーは、地域住民や国内外からの来訪者の多種多様なニーズに対して、多面的なサービスを提供できるからです。人の運送だけでなく、新しい移動サービスや生活支援サービス、さらに新しいビジネスを生み出せるポテンシャルに着目して「総合生活移動産業」に転換すべし、と打ち出したのですが、当時の業界の皆さんの受け止めとしてはあまり盛り上がりませんでした。今では国土交通省の幹部職員になっている当時の優秀な担当補佐が知恵を絞り、「コンシェルジュ」という言葉も使いながらわかりやすい説明に努めたのですが、残念ながらピンときてもらえませんでした。しかし、当時はそうでしたが、今では状況が変わりましたね。目の前のことだけに集中するのではなく、業界の方々一人一人が将来のサービスやビジネスの可能性をしっかりと見据えた上で、当面の問題に向き合ってもらえれば、私はタクシー業界として大きな可能性が開けると思っています。

楠田： タクシーのドライバーさんは、やっぱり目の前の商売が第一。日銭を稼いで帰ってきて……という認識が強かったと思います。でも今では若い経営者さんも増えてきて、公共交通であるという意識もできてきていると感じます。2009年に特別措置法（特定地域及び準特定地域における一般乗用旅客自動車運送事業の適正化及び活性化に関する特別措置法）が出て、その時に公共交通としての意識が強まりました。

でも、地域の公共交通計画でもタクシーは忘れられていたりすることが多かったですよね。最近は、そうした計画にも組み込まれるようになってきて、以前よりずいぶん市民権を得てきたような感覚がありますが。

宿利： 自動車交通局長の後、2006年に総合政策局長に就任し、直ちに交通政策審議会地域交通部会で集中的に議論を行って取りまとめ、これを基に2007年に「地域公共交通活性化再生法」をつくりました。この法律の中で、鉄軌道やバス、旅客船などと並んで、当然ながらタクシーも「公共交通事業」であることを、定義において明記しました。

ちなみに、2020年の同法の改正で、地域の輸送資源を総動員するという考え方に基づき、自家用有償旅客運送も公共交通事業として追加されました。少しずつモビリティに関する制度は改善されてきていますが、一方で、急速にサービスの低下が深刻化している現在の状況にそのような改善スピードで有効に対処できるのか、という根本的な問題があると思っています。

AIオンデマンドサービスへの期待

鎌田：タクシーの活用は大事ですが、一方で、デマンド交通が、AIオンデマンドサービスの登場によって、乗降ができる場所が増え、タクシーのドアtoドアに近いサービスが提供できるようになってきています。楠田さんはデマンド交通、AIオンデマンドサービス等について、どのようにお考えでしょうか。

楠田：MaaS（※Mobility as a Service：地域住民や旅行者一人一人のトリップ単位での移動ニーズに対応して、複数の公共交通やそれ以外の移動サービスを最適に組み合わせて検索・予約・決済等を一括で行うサービスであり、観光や医療等の目的地における交通以外のサービス等との連携により、移動の利便性向上や地域の課題解決にも資する重要な手段となるもの）という概念が出てきてモビリティの革命が始まっています。色々な試行錯誤が行われているのは嬉しいことです。衰退が見られるモビリティ産業の可能性を見いだすものですから、もっと挑戦していっていただきたいです。

海外では、１人が１台を呼び出すサービスもあれば乗合サービスもあるなど、個人の手の中に色々な交通の選択肢がある状況が広まっています。事前予約しなくても、乗りたい時に乗れるサービスにストレスフリーでアクセスできるようにもなってきています。

鎌田：高齢ドライバーの事故をどう減らすかという大きな課題がある中、また、高齢化、カーボンニュートラルへの対応が

求められる中、運輸総合研究所では、今のAIオンデマンドサービスが新しいモビリティサービスとしてもう少し進化してくれば、高齢者の免許返納が進み、事故も減らせるのではないか、というコンセプトのもと、検討委員会を設け、議論をしてきました。この問題についてはいかがでしょうか。

楠田： 運輸総合研究所のAIオンデマンドサービスに関わる提言書（概要は第2部参照）を拝見しました。自家用車の維持にかかる費用は大体月額5万円くらいだと思いますが、マイカー維持に充てている費用を用いてマイカーと同じくらいのサービスを可能にしていこうという方向性は賛成です。今のデマンド交通は自治体の税金で賄われていますが、マイカーと同じくらいのサービスになった場合に、それを自治体の税金で賄うことは難しそうです。

デマンド交通の運営を見ていると、最初の数年は良くてもそれが続かない、利便性が悪くてあまり乗られていない、費用がかかり過ぎるといった問題を抱えているところが多いです。もっとダイナミックな方法を取らないと、自家用車を保有するのと同じサービスは担保できません。例えば、高齢者が利用するだけではなく、スクールバス不足の解消につながるようなものでなければ、モビリティ革命とは言えないのではないでしょうか。

鎌田：運輸総合研究所の提言を受けて開催したシンポジウムには、多くの方に参加をいただきました。自治体の方にもご参加いただき、デマンド交通の運営に困っている自治体が多いことがわかりました。デマンド交通への期待は高いのですが、楠田さんのおっしゃるとおり、持続させるのはなかなか難しいのが現状です。

車の電動化で自家用車の購入費・維持費が上がる一方、日本人の給与は30年間変わっていません。だからこそ、デマンド交通をうまく運営し、展開できるようになればよいと考えているのですが、宿利会長はいかがお考えでしょうか。

宿利：鎌田先生には、検討委員会の設置段階から多大なご尽力をいただき、本当にありがとうございました。6月に提言を受けて開催したシンポジウムには、自治体関係者にも多く出席していただき、今後提言が浸透していく可能性を感じることもできました。

楠田さんが指摘された、デマンド交通の持続可能性に関してですが、AIオンデマンド交通のサービス形態にはいくつかのバリエーションがあります。現時点においても、既に全国展開されつつあるものが複数あり、私としてはサービスの仕組み自体については心配しておらず、関係の皆さんの努力で、今後、もっと良いものが出てくる可能性を感じています。サービスやシステムは多くの人に使ってもらうことで磨かれていくものなので、利用する側の果たす役割が大きい一方、持続可能性という観点からすると、民間のビジネスだけで成り立たせることには限界があります。少し暗い未来予想になってしまいますが、これからの日本はさらに人口が減り、高齢化が進みます。経済力も、今のままでは、昔のように右肩上がりに上がっていくことは期待薄です。そのため、地域によって差異はあるでしょうが、今のうちに地域の交通産業の基盤を整え直し、強化し、抜本的に交通産業を革新することが必要だと考えています。

地域交通産業は抜本的な革新が必要

鎌田：欧米では地域交通に関してどういった対応をとっているのでしょうか。

宿利：欧米では、国の基本的な法体系の中で、国民の権利としての「交通権」や政府の任務としての「生存配慮」など、位置付けや呼称は異なりますが、国民のモビリティを確保することについては、国または地方自治体が責任を持つこととされています。この考え方に基づき、国も州も基礎自治体も責任を持って国民のためのモビリティサービスの提供を確保しており、その費用は、税金で賄うというのが基本なのです。

一方、日本では、従来から民間企業が営利事業として公共交通サービスを提供してきており、欧米とは基本的な仕組みが異なります。高度成長期まではそうした民間企業に公共交通サービスの提供・確保を委ねる方式で良かったでしょうが、その後マイカーの一層の普及や、経済成長の鈍化、人口減少、高齢化などによってバス・タクシー事業は大きな打撃を受け続けています。バスについては1970年が乗車人員のピークで、そこから乗車人員は下がり続けています。最近は大都市部においては少し上向いてきていますが、地方部ではまだ低下を続けています。タクシーの乗車人員も1970年がピークです。モータリゼーションが進み、マイカーが増えるのと相関して、ずっと下がり続けています。このような状況にも関わらず、従来と同様の形で民間企業に公共交通サービスの提供・確保を委ねたままで、地域の公共交通を成り立たせようとしてきたことが最大の問題であると考えています。

鎌田：公営にした方がよいとお考えですか。

宿利：いえ、公営化することが良いとは考えておりません。民間企業には民間としての、これまでに培ってきた事業運営のノウハウや効率的な経営手法があるからです。私は、欧米のように公共交通サービスの提供を確保することは公がしっかり責任を持ち、その上で、民間企業により効率的で質の高い交通サービスを提供してもらうという仕組みを最大限に使う、というのが日本の目指すべき姿だと思います。民間企業だけでは対応できない部分については、自治体をはじめ地域のステークホルダーが連携・協働して、責任を持って対処していくことが肝心です。私は、今の公共交通事業者の皆さんならばやってもらえるであろうと思っており、そうした仕組みに早く切り替えなくてはなりません。しかし、今の行政の対応のペースでは間に合わないことを懸念しています。最近のように2・3年に1度、地域公共交通活性化再生法他関係法を改正するというような、言わば小出しの制度改善では不十分なのです。地域の公共交通サービスやモビリティを変革するためには、道路運送法の抜本的な改正を含め、国内の法体系や財源・予算措置がどうあるべきか、という大きな枠組みで現行の仕組みを全面的に見直さなければならず、行政当局にはそれを速やかに実行してもらいたいと思っています。

例えば、東京都区部のような大都市地域であれば、民間企業で対応できるでしょう。基本的な公共交通サービスの提供は今後も民間で対応していただき、高齢者や交通空白地の移動需要に対して、AIオンデマンドサービスなどで対応すればよいのです。一方、県庁所在都市の都市部であれば、民間企業による交通サービスの提供を自治体からの補助金等でサポートする仕組みを基本として、対応できる場合があり得ると思います。しかしながら、その他の全国の地域については、自治体が公共交通サービスの提供の責任を持って、域内の交通サービスの水準を定めて民間に委託し、交通サービスを確保することが必要です。

鎌田：楠田さんは地域交通についてどうしたらよいとお考えですか。

楠田：枠組みをつくり直して、DXを行っていかなくてはいけません。ドイツ等欧州諸国では、交通事業者が各々で事業提案すると破綻してしまうので、運輸連合を組織して、エリア内に一律の運賃制度を導入するなどにより連携しています。情報をデジタル化して提供するサービスの仕組みもできています。日本の場合、各経路検索会社が情報を収集してデジタル化することにより、部分的な公共交通サービスの乗り換え検索などを提供していますが、海外では部分的ではなく、全体的な形でのMaaSサービスが構築されてい

ます。

日本は地域組織とデジタルの基本的な設計が中途半端な印象です。自治体も住民基本台帳をベースに公共交通の需要予測をすることが大切です。家族がいれば困らなくても、1人暮らしだと困るということもあり、そうしたことも把握して対応を考えることが大切です。

宿利： 運輸総合研究所が2023年9月に公表した「地域交通産業の基盤強化・事業革新に関する検討委員会提言書」の中で、地域の公共交通を一体的に考える仕組みについて提言しており、運輸連合のように、共通運賃や乗り換え情報を含め、一元化して地域に必要な公共交通サービスを提供することも提言しています。

2023年の地域公共交通活性化再生法の改正で新たに創設された「エリア一括協定運行事業」は、この点で今後の展開に期待が持てます。2012年10月に、井笠鉄道が突然経営破綻して路線バスの運行があわやストップしそうになったことがありましたが、2023年9月には、関西のバス会社が運転手不足と経営悪化を理由に年内でバス事業から撤退すると表明する事態が起きました。井笠鉄道の事案以降、今日に至るまでの11年間、このような厳しい事態の再発を防止できなかった関係者は一体何をしていたのか、と言われても、残念ながら仕方のない状況にあります。地域交通産業の革新とそのための抜本的な仕組みづくりが、待ったなしです。

楠田：赤字補填の方策など、自治体のサポートが民間交通事業者の売上を支えている部分は大きいですね。

宿利：それはそうなのですが、民間の交通事業者と一口に言ってもいわばピンからキリまでで、効率的・効果的な経営を実践しているところもあれば、そうでないところもあります。例えば、みちのりホールディングスは、破綻したり、破綻しかかっているバス会社などの交通事業を傘下に入れ、CX（コーポレート・トランスフォーメーション：企業自体を根幹から変革すること。具体的には、企業の組織や事業構造、経営モデルなどを根幹から変革して、生産性の向上や事業継続性の確保などを実現すること）・DXを取り入れ、また、グループ各社間でベストプラクティスの横展開を行いつつ、MaaSやダイナミックルーティング（AIオンデマンド）などの新しい取組により、公共交通サービスの改善と効率的な経営を実践している好事例の一つです。

楠田：みちのりホールディングスのような、交通事業者の再生を図ってくれる会社がもっと必要ですよね。

経営サイドの課題

宿利：人材面に関しては、運転手不足の問題だけではなく、経営サイドにも別の課題があります。

楠田：まずは経営者に学んでいただくことが必要で、デジタルを活用する企画も不足しています。

宿利：おっしゃるとおり、デジタルの活用は不十分です。デジタル技術の進展を、企業経営やサービスの改善に活用する方策を考えて、実行するためには、経営者、つまり人間の知恵や経験が肝になります。

楠田：確かに、経験がないと難しいと思います。そこは各社が競争するところではないので、情報共有して進めていくのがよいと思います。各社でバラバラのデジタル機器を導入しても、統合できないですから。

運輸総合研究所でスキルアップセミナーやデジタルをテーマにした企画を実施していただくのもよいかもしれません。

マイカー利用者の意識を変える

鎌田：交通事業者、サービスの供給サイドの話としては、これまでお話しされていたような流れを速やかに生み出していくことが求められるでしょう。一方、サービスを使う側の意識変革、行動変容に関しては、どのようにお考えでしょうか。マイカーの維持費が上がっていくことが想定される中、サービス利用者側の意識変革、行動変容を図ることについて、しっかり考えていかないと、移動困窮社会が現実のものになる、という危機感を私は持っています。

楠田：そうですね、それについてもできることは色々あると思います。高齢ドライバーの問題を例に挙げるなら、高齢だから止めてくださいというのでは、ご本人は嫌だと思うので、運転技術を客観的に評価してくれるようなものがないのかなと感じます。客観的な指標を示した上で、自らの判断でそろそろ免許返納かなと決断してもらうことが必要です。自分は健康だし元気だと思っていても、検査をしてみたら病気が見つかるということがあります。運転免許についても同じではないでしょうか。

免許返納の代替として、マイカー以外の移動手段が選べる仕組みが必要です。色々な移動手段があることを知るタイミングは、免許更新、高齢者講習、ディーラーの定期点検などが考えられます。そうした機会に実際に乗ってみたり、触ってみたりできるとよいですね。警察では免許更新の際に免許のことしか管轄せず、マイカーに代わる色々な移動手段を提示したり試したりする環境がありません。まずはパンフレットを置くだけでもよいので、考える触れる機会をつくっていただききたいです。

宿利：興味深いご指摘ですね。信号できちんと停止できたか、であったり、交通ルールを守ってスムーズに運転できているか、といったことをモニターするなど、運転技術の客観的評価は技術的には可能です。AIを活用すれば、簡単に判定することができると思います。

鎌田：実際、AI教習所などが既にありますしね。

宿利：そのような免許返納が適切に行われる仕組みや考え方をどうやって普及させるのがよいでしょうか。マイカーを無理に運転して事故を起こすようなことは回避した方がよい、というのは社会全体の総意であると言えるでしょう。マイカーを手放してもその代わりになる移動サービスが十分に用意されているのであれば、高齢ドライバーに免許返納を義務づけることもあり得るかもしれません。

楠田：今はまだ、代わりになる移動手段の選択肢がなさ過ぎますね。

宿利：行政がしっかりと手当をしないと、社会的コンセンサスは得られません。

鎌田：1970年以降、マイカー利用が増加し、バス・タクシーの利用者が減りました。結果、マイカーに過度に依存する社会ができあがってしまいました。しかし、これからは、国民の意識を変え、マイカー以外にこんなモビリティサービスがある、ということや、出先でお酒が飲める、という方向に変え、多くの人にとって明るいモビリティの将来像を描けないものか、と考えています。

楠田：そのためには、やはりマイカー並みのサービスが必要ですよね。

鎌田：はい。その実現のために、デマンド交通の車の台数を10倍くらいにして、乗る人を20～30倍くらいに増やすなど、オンデマンドをどんどん活用していけたらよいと思います。もしかしたらそう遠くない将来には自動運転が普及して、孫に対しておじいちゃんの時代は運転していたのに、というようなことが現実になるかもしれません。

より良いモビリティの未来に向けて

鎌田：対談の最後に、モビリティの未来について、お二人からご意見をいただけますか。

宿利：過度にマイカーに依存する社会の問題は、実は既にかなり前から認識されていたように思います。

　私は、この対談を行うに当たり、2006年の道路運送法の改正時と2007年の地域公共交通活性化再生法の制定時の国会議事録を見てみたのですが、当時の私の答弁にも「過度にマイカーに依存している状況を変えないといけない」とありました。そうした状況が、なぜ、その後も続いていたのか、なぜ、まだ何も変わっていないのか。マイカーが便利であるということはもちろんですが、モビリティの在り方について、現状を抜本的に変えることが必要だ、という共通認識を社会全体として持てていないことが大きいでしょう。

自動車を含めたモビリティの仕組みを抜本的に変えれば、事態が改善することが色々ありますが、その代表的なものは過度のマイカー依存です。冒頭、楠田さんがおっしゃった、社会課題や地域課題の解決に向けて思い切った舵取りをすることと交通政策の話は、実は地続きなのだというご指摘ですが、モビリティが抜本的に変わることで、社会や地域の課題が解決する、あるいは軽症化するということが実際に起こります。モビリティの革新によって、新たな人と人との交流やイノベーティブな発想が生まれる、という可能性を孕んでいますよね。国がモビリティに関する制度を大きく変えるということは、単に交通政策の問題にとどまらないのだ、と改めて気付かされます。日本の中には、このようなモビリティの変革が停滞しているから、日本の社会がイノベーティブにならない、というふうに感じている人が結構多いのではないでしょうか。

楠田： 先日、幕張メッセで開催されていた農業WEEKに行ってきたのですが、そこでドローン配送が紹介されていました。歳を取り外出がしにくくなった時に、遠隔操作で物が届く、

といったアプローチを含めてモビリティを考える必要があると思いました。衣食住の観点から見える景色は、交通だけではなく、地域経営をどうするかであったり、食をどうするかという視点も求められる気がしています。

宿利：そうですね、地域経営の中には食も農業も交通の問題も含まれていますね。

楠田：はい。ある地域に住む人々の移動をどうするのか、ご飯が食べられているかなど、生活状況を観察しつつ、あらゆる課題解決に向けて取り組むようなダイナミックさが必要です。これは単なる政策論ではなく、実際の生活に密着した問題なんですよね。

宿利：最近、新幹線で物を運ぶなど、ようやくモノと人を一緒に運ぼうという取組が出始めており、良い流れだと思っています。CO_2の問題や人手不足に直面する今こそ、モビリティについて改めて原点に立ち戻って考えるタイミングにきていると感じます。

楠田：この問題は、交通だけではなく、教育や医療などのトピックとも関係しています。その地域の人にとって必要な移動に絞れば、豊かな移動ができるようになるのではないでしょうか。

鎌田：例えば、高齢者の移動をすべてデータ化することはよいかもしれません。日常のことが自分でできること自体、元気の証のようなものですから、そうした移動データを把握した方がよいと感じます。

宿利：もう十数年も前のことですが、福祉輸送も含めきめ細かな立派なサービスを提供されていたタクシー会社のオペレーションルームを見せていただいたことがあります。この時に素晴らしいと思ったのは、利用者からの電話に出たオペレーターの前のモニターに、その利用者の基本情報とともに健康状態やかかりつけの病院などの情報がデータ化され、表示されており、それを見ながらオペレーターが利用者に応対していました。このようなシステムが全国に広がれば素晴らしいな、とその時思いましたが、今ではAIオンデマンドサービスの現場には実装されています。

楠田：そうしたオペレーションが生活サービスになれば、オペレーターが電話がかかってくるのを待つのではなく、逆に、利用者に電話をかけてあげるようなサービスも考えられますね。

宿利：買い物を代行して、必要な品物を自宅に届けてあげるといったサービスも考えられますよね。ドライバーが運転以外の仕事をマルチタスクで行う。そうした生活支援サービスがタクシーやオンデマンドサービスで広まれば、タクシー産業は文字どおり総合生活移動産業に進化していくことになると思います。

鎌田：本日は、色々示唆的なお話をいただき、ありがとうございました。今後、ご指摘いただいたことが実行に移され、モビリティの進化がなされ、「移動困窮社会」にならないようになっていくことを目指したいですね。

おわりに

本書の主題は「移動困窮社会」ですが、地域の交通の状況が悪化しつつある、と私が気付いたのは、国土交通省の大臣官房総括審議官として、地方運輸局の業務改革を進めていた2004年のことでした。2000年代初頭に実施されたバス・タクシー事業の規制緩和のいわば負の側面が、地域の公共交通サービスや地方運輸局の行政の現場で顕在化しつつありました。翌2005年に自動車交通局長に就任した私は、その直後から同局長を退任するまでの1年間、「移動困窮」事態の改善に全力で取り組むこととなり、2006年の道路運送法の改正で、「移動困窮」の問題については、当時“やれることはすべて”措置しました。その具体的な内容は、第3部の対談で述べたとおりですが、大要は、要介護者等の福祉輸送サービスと過疎地域等の生活輸送サービスの確保のため「自家用有償旅客運送制度」を創設し、また、乗合バスサービスの劣化に対応するために、当時の「新しい輸送サービス」として各地に登場してきたコミュニティバス、デマンドバス、乗合タクシーについて、道路運送法の改正により乗合バス事業としていわば“認知”して、その安定的な普及を図ることとし、さらに、これらの乗合バスサービスの運賃・料金については、新たに制度化した「地域公共交通会議」における地域の関係者の合意を尊重し、これを条件として規制を緩和することとしたものです。

2006年の道路運送法の改正後間もなく、総合政策局長に就任したのを機に、私は、直ちに地域公共交通の総合的な改善を図るための法律の検討を開始し、翌2007年に新たに「地域公共交通活性化再生法」を制定しました。この法律は、改善すべき地域公共交通の範囲をバス、タクシー、鉄軌道、旅客船などすべての公共交通機関とし、市町村が主体となって、法定の協議会において地域の多様な関係者と連携・協働して法定計画を作り、この計画に基づいて自らの地域の公共交通の改善を図るための仕組みと具体的な手段を定めたものです。富山市のライトレールの市内環状化や南北直通化などは、この法律に基づいて実施されたものです。

以来2012年秋に国土交通省を退官するまで、私は、「移動困窮」事態を解消するための地域公共交通やモビリティの改善のために、「地域公共交通確保維持改善事業」の創設や「交通基本法案」の国会提出（この法案は、当時の政治状況の影響を受けて、2012年の通常国会では成立せず、翌2013年に一部修正の上「交通政策基本法」として成立した。）など、施策の充実に努めました。

その後、2013年夏から東京大学公共政策大学院の客員教授として、交通政策の授業を担当する機会を得、冬学期には「地域交通政策研究」という授業を開講して、地域公共交通やモビリティを改善するための政策はどうあるべきかをテーマに、多様な専攻分野の大学院生達や交通事業の経営者等と、現場・現実に即した議論を続けています。

また、2018年6月に一般財団法人運輸総合研究所の会長に就任して以来、公共交通やモビリティの革新こそが当研究所のいわば「１丁目１番地」と位置付けて、重点的・継続的にこの分野の研究調査や政策提言に取り組んでいます。

本書は、当研究所が設置した「高齢者等の移動手段確保方策検討委員会」において、2021年11月から2023年3月までの間に行った調査研究の成果を基にまとめたものです。2021年5月に、鎌田実先生から移動困窮社会についての切実な問題意識を私がお伺いし、私自身も、従来から同じ問題認識を持ち続けていたため、直ちに、当研究所に検討の場を設けるので、鎌田先生に座長として議論を主導していただけないか、とお願いしたところ、快く引き受けていただいたことから、この検討委員会はスタートしたものです。検討委員会のメンバーについてもこの議論にふさわしい方々を鎌田先生に選んでいただき、その後、毎回中身の濃い議論を重ね、2023年6月に提言を取りまとめ、公表しました。また、同時に、この提言内容を広く周知するために、シンポジウムも開催しました。シンポジウムには、地方自治体からの出席者を含め大変多くの方々が参加され、検討成果が広く浸透する可能性を感じたところです。

なお、この検討委員会の設置および調査研究は、公益財団法人日本財団の助成を受けて行ったものであり、日本財団の支援に深く感謝申し上げます。また、調査研究においては、各地で高齢者等の移動手段としてデマンド交通サービスを提供し、地域のニーズを満たすことに尽力されている方々のご協力をいただきました。紙幅の都合上、すべての方のお名前を記すことはできませんが、皆様のご協力に対し厚く御礼申し上げます。加えて、第3部の対談「モビリティの革新による自由な移動の獲得」において、移動困窮社会にならないようにするためにモビリティの在り方をどうしていくべきか、というテーマに関して、大変有意義な、心に響くお話をしていただいたモビリティジャーナリストの楠田悦子様、また本書の出版・編集に当たって有益な助言をいただいた株式会社時事通信出版局の坂本建一郎氏および松澤美穂氏に感謝申し上げます。

日本がこれから「移動困窮社会」にならないために、いやむしろ、日本をこれから「すべての人が、安全で安価で便利なモビリティサービスを利用して、健康で幸せな生活を送ることができる社会」にするために、私たち一人一人はどうすればよいか。本書が、その一歩を踏み出すための一助となれば幸いです。最後までお読みいただき、ありがとうございました。

2024年3月　宿利正史

高齢者等の移動手段確保方策検討委員会メンバー（2023年3月当時）

座長

鎌田　　実	東京大学名誉教授、一般財団法人日本自動車研究所・代表理事 研究所長
秋山　哲男	中央大学研究開発機構・教授
加藤　博和	名古屋大学大学院環境学研究科・教授
河崎　民子	特定非営利活動法人全国移動サービスネットワーク・副理事長
服部　真治	一般財団法人医療経済研究・社会保険福祉協会　医療経済研究機構研究部 政策推進部副部長（企画推進担当）兼 研究部主席研究員
三星　昭宏	近畿大学・名誉教授
森　　雅志	前 富山市長、富山大学・客員教授
吉田　　樹	福島大学経済経営学類・准教授
若菜　千穂	特定非営利活動法人いわて地域づくり支援センター・常務理事
漢　　二美	一般財団法人全国福祉輸送サービス協会・会長 兼 連合会・副会長
竹谷　賢一	公益社団法人日本バス協会・理事 兼 地方交通委員長
田中亮一郎	一般社団法人全国ハイヤー・タクシー連合会・副会長
児玉　克敏	内閣府政策統括官（政策調整担当）付参事官（交通安全対策担当）
日下　真一	警察庁交通局交通企画課長
西中　　隆	総務省地域力創造グループ地域政策課長
笹子宗一郎	厚生労働省老健局認知症施策・地域介護推進課長
真鍋　英樹	国土交通省総合政策局交通政策課長
齋藤　　喬	国土交通省総合政策局モビリティサービス推進課長
森　　哲也	国土交通省自動車局旅客課長
宿利　正史	一般財団法人運輸総合研究所会長
佐藤　善信	一般財団法人運輸総合研究所理事長
山内　弘隆	一般財団法人運輸総合研究所所長
奥田　哲也	一般財団法人運輸総合研究所専務理事、ワシントン国際問題研究所長、アセアン・インド地域事務所長
城福　健陽	一般財団法人運輸総合研究所主席研究員、会長特別補佐
藤崎　耕一	一般財団法人運輸総合研究所主席研究員、研究統括
春名　史久	一般財団法人運輸総合研究所主任研究員

稲本　里美　　一般財団法人運輸総合研究所研究員
島本　真嗣　　一般財団法人運輸総合研究所研究員
覃　　子懿　　一般財団法人運輸総合研究所研究員
名取　直美　　株式会社富士通総研　行政経営グループ　チーフシニアコンサルタント
竹内　幹太郎　株式会社富士通総研　行政経営グループ　マネジングコンサルタント
羽田野　京　　株式会社富士通総研　行政経営グループ　コンサルタント

【編著者略歴】

鎌田　実　東京大学名誉教授・一般財団法人日本自動車研究所所長

1987年東京大学大学院工学系研究科博士課程修了。東京大学工学部講師、助教授を経て、2002年東京大学大学院工学系研究科教授、2009年東京大学高齢社会総合研究機構 機構長・教授、2013年東京大学大学院新領域創成科学研究科 教授。その後、2020年一般財団法人日本自動車研究所所長（現職）。専門は車両工学、人間工学、ジェロントロジー。国土交通省交通政策審議会、経済産業省自動走行ビジネス検討会、警察庁高齢運転者交通事故防止対策に関する有識者会議などの委員、自動車技術会副会長、日本機械学会交通物流部門長などを歴任。交通文化賞（2015年）、自動車技術会論文賞（2021年）、日本機械学会論文賞（2022年）を受賞。編著に、『2030年超高齢未来』（東洋経済新報社、2010年）がある。

宿利 正史　一般財団法人運輸総合研究所会長

1974年東京大学法学部卒業後、運輸省（現国土交通省）入省。在インドネシア日本国大使館一等書記官、運輸大臣秘書官、内閣法制局参事官、航空局審議官、同監理部長、同次長、大臣官房総括審議官、自動車交通局長、総合政策局長、大臣官房長、国土交通審議官などを経て、2011年事務次官。その後、2013年東京大学公共政策大学院客員教授（現任）、2014年一般社団法人国際高速鉄道協会理事長（現任）、2021年公益財団法人日本海事センター会長（現任）。編著に『地域公共交通政策論』（東京大学出版会、2021年）、『国際交通論』（東京大学出版会、2022年、第48回交通図書賞受賞）、『ウェルビーイングを実現するスマートモビリティ』（学芸出版社、2022年）がある。

【協力】

一般財団法人運輸総合研究所　高齢者等移動手段確保方策検討委員会

モビリティジャーナリスト　楠田悦子

移動困窮社会にならないために

新しいモビリティサービスへの大転換による
マイカーへの過度の依存からの脱却

2024年3月31日　初版発行

著　者：鎌田 実　宿利正史
発行者：花野井道郎
発行所：株式会社時事通信出版局
発　売：株式会社時事通信社
〒104-8178　東京都中央区銀座5-15-8
電話　03(5565)2155　https://bookpub.jiji.com/

印刷／製本：中央精版印刷株式会社
装丁・本文デザイン：須谷直史（株式会社アクティナワークス）

ISBN978-4-7887-1907-1　C0036　Printed in Japan